陸海的交會

「陸海の交錯 明朝の興亡」

檀上寬
Hiroshi Danjo
郭婷玉◎譯

岩波新書・中國的歷史 ④

目次

編輯前言

現在，讓我們重新閱讀中國史——「中國的歷史」書系目標

中國，一個很近卻又很遠的國度。

當年，我們這部書系的作者們甫成長的時代，中國是個無法前往的國家。中國大陸上發生了什麼事，也幾乎是一片模糊。雖說中日兩國一衣帶水，距離十分近，但卻什麼也看不見。

然後，半個世紀過去了。現在如何？前往中國幾乎自由了，許多人在中國進進出出。一衣帶水，真的很近，關係也很深。無論好壞，中國都是個十分重要的國家。

但是，現在的我們，真的看清楚中國與中國人了嗎？無論表面上如何關注，其內涵仍然是個謎。原本應該拉近距離的中國，其實仍然很遙遠。

不過，歷史提供了線索，讓我們有機會接近中國這個謎團。就像我們要認識一個人，也要先看他的履歷表一樣。眼前的中國也是，過去的履歷，隱藏著接近其核心的脈絡。

當然，關於中國的歷史，早有許多重量級的學者留下不少著作。不過，這些著作大多有一個共通的模式，那就是大多採用編年史的寫法，按照時代的興替進行撰寫。

然而，中國十分巨大。疆域比歐洲還廣闊，人口也非常多。歐洲十餘個國家，各自書寫自己的歷史，由於歐洲各國各自有多樣化的發展，因此歷史也必須按照各國自身的歷史進程書寫才行。

但中國呢？就算同屬一個國籍，其中所具備的多元性應該也不遜於歐洲。然而，以前的中國史書寫卻極少觀照這個方面，僅從「中國」這個清楚的框架進行時代更迭的論述，最終變成與過去的王朝交替史觀並無二致，且容易受到特定意識形態所影響的內容。因此，我們認為有必要書寫一部更適合現在全球化的現代社會閱讀、且更接近中國多樣面貌的中國史敘述。

本書系以「多元性」為編寫方針，共以五卷構成。第一卷以東亞的文明為起點，描述中國逐漸具備多元面貌的過程。第二卷以南方在逐漸開發之後，躍上經濟文化中心的歷史為主要內容。第三卷則以不停對中原造成影響，最終卻融入其中的草原世界為論述的重點。第四卷起，加重海洋的觀點，敘述中國南北海域與陸域的多元化不停增強的過程。第五卷以承接第四卷的多元性敘事為起點，重新檢視與現代中國連結的歷史過程。

各位讀者若能經由本書的內容，理解中國多樣的面貌，實為作者的榮幸。

書系作者群　上

本書系的構成

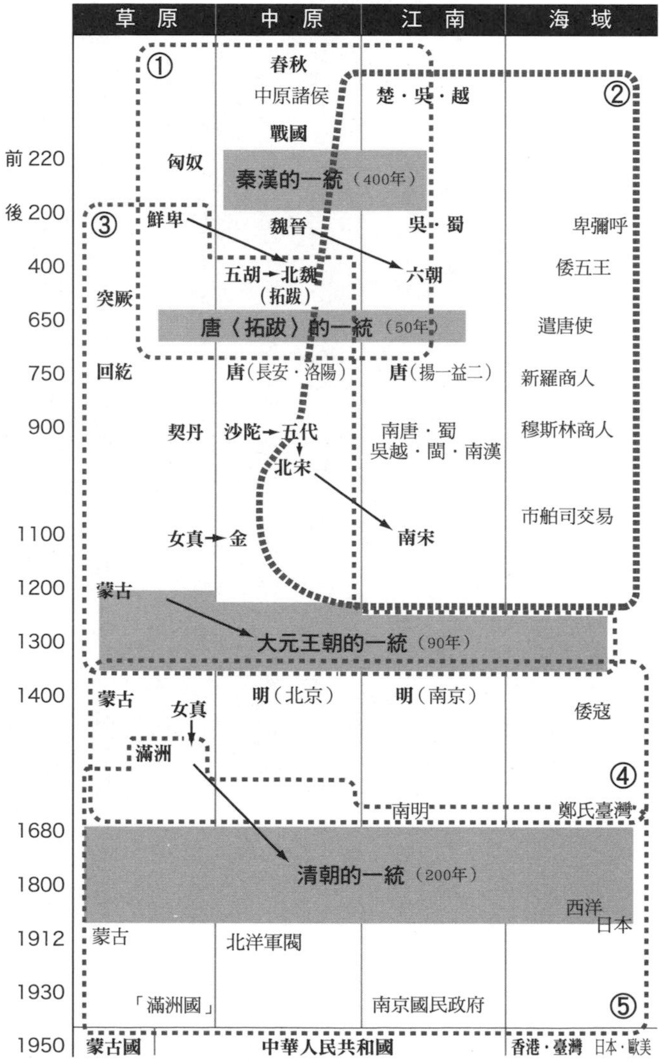
草原
中原
江南
海域
①
春秋
中原諸侯
楚・吳・越
②
戰國
前220
匈奴
秦漢的一統（400年）
後200
③
鮮卑
魏晉
吳・蜀
卑彌呼
400
五胡→北魏
（拓跋）
六朝
倭五王
突厥
650
唐〈拓跋〉的一統（50年）
遣唐使
750
回紇
唐（長安・洛陽）
唐（揚一益二）
新羅商人
900
契丹
沙陀→五代
北宋
南唐・蜀
吳越・閩・南漢
穆斯林商人
市舶司交易
1100
女真→金
南宋
1200
蒙古
1300
大元王朝的一統（90年）
1400
蒙古
女真
滿洲
明（北京）
明（南京）
倭寇
④
南明
鄭氏臺灣
1680
1800
清朝的一統（200年）
西洋
日本
1912
蒙古
北洋軍閥
1930
「滿洲國」
南京國民政府
⑤
1950
蒙古國
中華人民共和國
香港・臺灣
日本・歐美

明朝皇帝世系圖

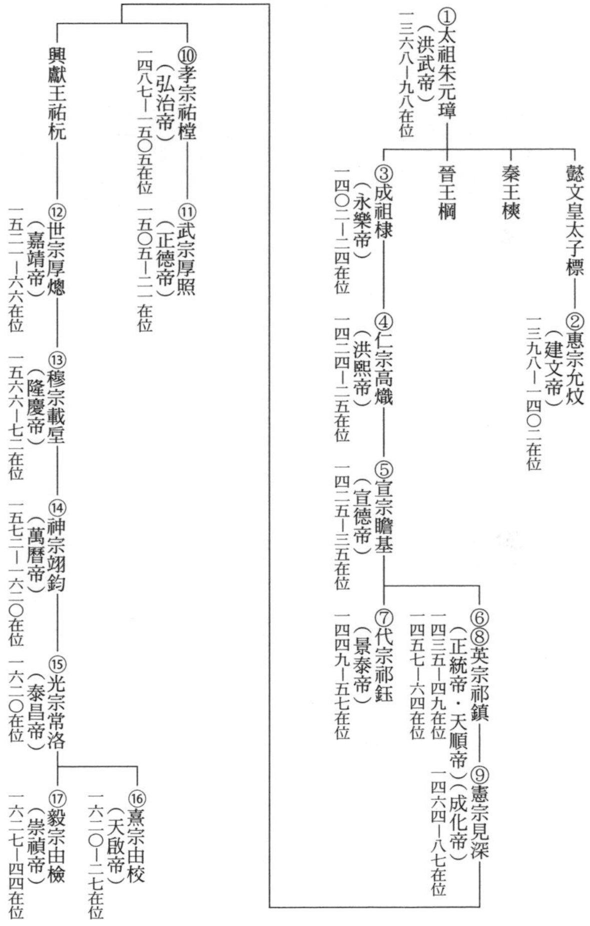
①太祖朱元璋
（洪武帝）
一三六八—九八在位
懿文皇太子標
秦王樉
晉王棡
②惠宗允炆
（建文帝）
一三九八—一四〇二在位
③成祖棣
（永樂帝）
一四〇二—二四在位
④仁宗高熾
（洪熙帝）
一四二四—二五在位
⑤宣宗瞻基
（宣德帝）
一四二五—三五在位
⑥⑧英宗祁鎮
（正統帝・天順帝）
一四三五—四九在位
一四五七—六四在位
⑦代宗祁鈺
（景泰帝）
一四四九—五七在位
⑨憲宗見深
（成化帝）
一四六四—八七在位
⑩孝宗祐樘
（弘治帝）
一四八七—一五〇五在位
⑪武宗厚照
（正德帝）
一五〇五—二一在位
興獻王祐杬
⑫世宗厚熜
（嘉靖帝）
一五二一—六六在位
⑬穆宗載垕
（隆慶帝）
一五六六—七二在位
⑭神宗翊鈞
（萬曆帝）
一五七二—一六二〇在位
⑮光宗常洛
（泰昌帝）
一六二〇在位
⑯熹宗由校
（天啟帝）
一六二〇—二七在位
⑰毅宗由檢
（崇禎帝）
一六二七—四四在位

臺灣版序

值此「岩波新書．中國的歷史」全五卷臺灣翻譯版出版之際，應出版社編輯的邀請，謹以此短文為序。

本卷為本系列中唯一的斷代史，討論對象限於明代，幾乎未觸及前後時期。不同於向來以每一王朝為切分單位的中國史系列叢書，本系列試圖以超越王朝區分的觀點重新構築中國歷史。那麼，又是為何只在第四卷採取王朝斷代史的形式呢？由於相關理由以及本卷定位已於正文敘述，在此省略，以下僅交替敘述日本明代史研究的發展歷程，以及筆者自身歷史。

如同日本東洋史學開拓者之一內藤湖南曾說過「明朝並不有趣」，在戰前日本的中國史研究中，明朝的人氣一向低落。有不少原因導致此一情況，其中之一在於，對於日本人而言，明代既無令人印象深刻的事件，也幾乎沒有耳熟能詳的人物，於是一直視之為僅有時間單調流逝的平淡時代。不過，到了戰後，由於對戰前「中國社會停滯論」的反省，注重中國史發展性的「戰後歷史學」潮流興起，明末清初期亦被視為社會變革期，遂於突然之間受到注目。雖然此際受到注目的僅限於明末清初時期，但是明代史、明清史也與戰前截然不同，而變成更為熱門的研究領域之一。

當時，明清史研究者的研究取徑主要是社會經濟史，以專制國家支配農民手段的賦役制度、土地制度等題材最為受到關注。此一嘗試與時代區分相關，最終轉向研究明末崛起、獲稱鄉紳的支配階層。至此，以鄉紳支配實態、歷史定位為核心，又再興起新一波論爭。一九七〇年代的明清史研究可說清一色都是鄉紳研究，甚至在一九七六年《史學雜誌》「回顧與展望」中，「明・清」專欄的負責人還預先公告必須對鄉紳論以外的研究予以割愛。

在這個說起明清史便等同明末清初時期或社會經濟史，其中又以鄉紳論最為著名的七〇年代中，筆者笨拙地開始了中國史研究。之所以選擇明代史為研究主題，純粹只是因為同學之中沒有專攻明代歷史者。同時，大概是天生愛唱反調的性格使然，甚至一反時代潮流，選擇明初、而且還是政治史為論文主題。原因無他，即是在多數明清史研究者專攻明末清初社會經濟史之中，感受到明初政治史幾乎尚未被研究過的新鮮魅力。這時，筆者所選擇的畢業論文題目，是明代的南京官員。

然而，筆者選擇研究明初時代的理由，並非僅止於此。筆者對於當時明末清初研究共通途徑的做法，抱持著巨大的疑問。日本的明末清初研究，以明初成立的專制國家為先驗背景，投注莫大精力於綜合性地理解國家與地主制度（或是鄉紳支配）間的關係。相關討論中，卻相當缺乏對於明初為什麼形成那樣的專制國家（皇帝專制體制），也就是追溯其起源的分析角度。這個問題與現代中國研究具備共通性，而抓住了筆者尚不成熟的心靈，此後便一直探討此一疑問，直至今日。本卷所展示的，即是目前筆者的部分思考。

明白地說，時至今日，如國家論一般居高臨下的研究越來越少，時代區分論業已不再流行。曾經風靡一時的鄉紳論以七〇年代為界線而自然消失後，明清史研究有一段時間關注地域社會論，而今盛行海洋史研究。歷史學界整體主要關注的，不再是過往的唯物史觀，而是眾所聞名的世界體系理論、全球化歷史等共時性世界史研究。

但是，即便是在此般歷史學界趨勢之中，也不能放棄對中國、或是東亞固有理論、構造等的摸索。這是因為，每個國家、地區皆有其歷史及特徵，無視於此而逕自描繪整體圖像幾乎毫無意義。特別是近來強調民主主義與威權主義的二元對立，現代中國被視為後者的代表。從現代史觀點而言，探究其淵源相當重要。若是從明初歷史探詢其直接的起源，對於明代史研究而言，則又增添不同以往的嶄新課題。筆者認為，今後明代史研究的重要性只會越來越高，而不會有所減少。

此次「岩波新書・中國的歷史」由聯經出版公司翻譯、出版，對於執筆者之一的我來說，可說是無上喜悅。雖說是私事，其實聯經出版公司發行人林載爵先生，是筆者妻子過去任職於臺中市東海大學時的同事。林先生可能已經不記得，四十年前筆者到東海大學探望妻子之際，曾一同搭著林先生的車到他家拜訪。我們在其家中結識他太太，度過愉快的時光，至今仍懷念不已。如今，偶然之下又由與他有關的聯經出版公司出版本系列叢書，只能說真是不可思議的緣分。對筆者來說，本書無疑地會成為滿載回憶的一部著作。

最後，藉此機會，誠摯感謝本次出版中承擔編輯、校對事務的聯經出版公司相關人士，以及負責翻譯的郭婷玉小姐。本篇臺灣版序文若能協助中文圈讀者更為了解本書及本系列叢書，將是筆者的榮幸。

二〇二一年八月盛夏

檀上寬

導言

十四、十七世紀，全球規模的氣候寒冷化伴隨世界經濟停滯與收縮，導致接連發生了災害、饑荒、社會動亂，以及戰爭等動盪。此即一般所稱的「十四世紀的危機」和「十七世紀的危機」。夾在這兩波全體危機的縫隙中的，即是明這個時代。伴隨王朝揭幕與閉幕的元末叛亂、明末動亂爆發，並非偶然出現。

在此之前，十三世紀之初崛起的蒙古，憑藉草原的軍事力量向東西方擴張。十三世紀後半，元朝併吞南宋後，也幾乎支配了整個歐亞大陸地區。交通、通訊網絡的整備，一口氣縮短了各地距離。從帝都大都（北京）出發而橫跨大陸、連結東西方的陸路，以及起自原南宋領域的東南沿海地區、經過東南亞海域而朝向印度洋、阿拉伯海之海路，透過元朝而相連在一起，歐亞大陸規模的人群、物品、資金、情報環流於其中。此前被劃分為好幾個文明圈的「世界」，在蒙古統治下獲得統一，朝向一體化發展。

然而，在進入十四世紀後，這個巨大帝國逐步分裂，最終蒙古帝國崩解後，轉而在各地出現大型帝國、展開互相對抗。鄂圖曼王朝、帖木兒王朝、蒙兀兒王朝，以及明、清王朝等都是如此。並且，這些王朝幾乎都以成吉思汗血統或蒙古權威為後盾。這是歐亞大陸全體都受到蒙古影響之佐證，其中唯一以否定蒙古為國策的，就是明王朝。明朝透過徹底排除蒙古色彩，以中國固有理論——亦即儒教理論——為基礎，來從事國家建設。對比接續明的清王朝自詡為元帝國後繼國家，更可看出明王朝的特殊性格。

明王朝的特殊性格，還不止於此。相對於其他帝國以柔性構造的統治組織管理社會，明建立的「明初體制」，亦即以重建社會秩序為目標、統制深入社會各個角落，則是相當強硬的剛性體制。透過構築此一體制，明朝成功度過十四世紀的危機。但是，發展到十五世紀中葉的明中期，明初體制也終於顯露出破綻，進入十六世紀後更步入決定性崩壞。即便明王朝力圖重新振作，卻仍無法充分應對社會變化，只得在十七世紀混亂中走向滅亡。

明朝在漫長中國歷史中，究竟該如何定位才好呢？當然，可以從各種角度探究這個問題。從政治體制面向來看，宋代成立的君主獨裁體制，到了明初受到前所未有的強化，即是很重要的一點。本書承襲三田村泰助的研究，稱其為絕對帝制。若是除卻絕對帝制，則前述的明初體制將無法實現。相關背景方面，不可忽略其之主要論據，亦即以下三種對立競爭的存在。也就是：一、中華與夷狄的抗爭；二、貫穿中國史的華北與江南（在此指稱廣大的華中、華南全體）之南北對立；三、包括草原在內的大陸中國與東南沿海的海洋中國之相剋。

不須多言，如同本系列叢書的主題「中華」（第一卷）、「江南」（第二卷）、「草原」（第三卷）所示，這三種論據即是了解中國歷史之關鍵。特別是到了宋代以後的「近世」，三種對立都更加尖銳化，像是夷狄的崛起與中華的反抗。相對於「政治的北方」，「經濟的南方」之存在感提升。從傳統農業國家傾向重視商業的海洋國家。這些傾向都在宋代以降逐漸突顯出來。這三種對立各自白熱化，其傾軋到了十四世紀臻於飽和。

簡而言之，元明革命本身便意味著從夷狄到中華的王朝交替。第一次打倒自十世紀以降相繼支配中國的游牧王朝（遼、金、元）之中國王朝，是明朝。其定都南京而發展統一王朝，唯一從南方興起而稱霸全國的政權，也是明朝。阻止宋元時代以降日益活躍之海外貿易、向海洋發展，而回歸大陸國家的，還是明朝。在十四世紀的危機中，明朝以中國式理論應對各個課題，開創了非明不可的嶄新時代。從此中誕生的堅固體制，即是明初體制。

這個體制在其後經歷什麼樣的變遷，而迎來了十六、十七世紀的變動期呢？在此期間，中國社會歷經巨大的變化，其實際情況又是如何？本書主要的課題，即是緊扣上述疑問，而概觀將近三百年的明朝歷史。經過這些討論，將會浮現什麼樣的明代歷史圖像？首先，就從元末叛亂與明初體制的成立說起吧。

第一章

明初體制的成立

一、元末的叛亂與明朝的誕生

紅巾之亂

所謂的「胡虜無百年之運」，是明太祖朱元璋（一三六八—一三九八年在位）在攻擊元朝之際，向中原居民所發檄文的一節。當時距離元世祖忽必烈（一二六〇—一二九四年在位）提倡大汗稱號還未達半世紀，元朝的支柱卻已經開始強烈動搖。這是由於官界權力鬥爭、官僚綱紀弛緩、民間貧富差距擴大等經年累月的矛盾，一口氣爆發出來的關係。加上歷代皇帝對藏傳佛教佛事供養的鉅額出資，以及對蒙古諸王、功臣的無限制賜與，都壓迫到國家財政、成為重稅，令民眾為此所苦。

雪上加霜的，是自然災害的出現。十三世紀末以來的寒冷化現象與氣候不順導致農業生產減少，使得全國各地陷入慢性糧食不足的問題。蒙古時代之際為了養活膨脹的人口而勉強開墾的土地，在自然災害來臨時更顯脆弱，無法應對激烈改變的環境。加以既有的官僚或地主榨取，致使民眾的生活受到毀滅式打擊。早在一三二〇年代，天災、饑荒、疫病等即相繼襲擊，致令各地出現數萬、數十萬的飢民和流民。一三四〇年代以降，黃河更是連年氾濫，為周邊地區的農民帶來巨大損失。

在這樣不穩定的社會情勢中，白蓮教擄獲了民眾的心。白蓮教源自於南宋沙門茅子元發起的白蓮宗，最早時常和源自波斯的摩尼教（明教）或彌勒教等混淆，到了元末成為民間宗教之一。摩尼教的「明王出世」思想、彌勒教的「彌勒佛下生」信仰，主張未來佛出現以改革社會，具有強烈的否定現狀色彩。因此，白蓮教對國家而言是相當危險的反體制宗教，元朝時期將其視為邪教而嚴加取締。不過，其仍獲得身陷苦境的民眾莫大支持，得以急速擴大勢力。

當時，在河北、河南一帶傳教的白蓮教教主韓山童與其同黨劉福通，宣揚韓山童正是宋徽宗第八代的子孫，意圖煽動被黃河治水工程所動員的民眾來一同起事。雖然韓山童在起事前就被捕、處刑，劉福通等人還是在至正十一年（一三五一年）舉兵，獲得不滿現狀的民眾陸續參與，瞬間擴大了集團勢力。由於他們在頭上綁紅布當作夥伴間的標誌，被稱為紅巾軍或紅巾賊。此即「紅巾之亂」的爆發。

同此之際，長江中游流域也有賣布商人徐壽輝奉彌勒佛之名，戴上紅巾而高舉反旗。一般將徐壽輝等人的集團稱作西系紅巾軍、劉福通等人則稱東系紅巾軍，但是兩者之間完全沒有聯繫。徐壽輝不久便定都於湖北蘄水、即皇帝位，建立天完國、年號治平。另一方面，劉福通將韓山童遺子韓林兒迎接到亳州（安徽省）、擁立其為皇帝，建立大宋國、年號龍鳳。接著，劉福通更以白蓮教「明王出世」而稱韓林兒為「小明王」，尊其母楊氏為皇太后，整備了政權體制。元朝年號的至正十五年（一三五五年），即相當於大宋國龍鳳元年。

圖 1　紅巾之亂

相對於東系、西系紅巾軍宗教色彩濃厚，也有完全不憑藉宗教的反叛者。其代表即是官鹽商人出身的張士誠，以及海賊起家的方國珍。他們並不像紅巾軍抱持改革社會的理想，只是各自以平江（蘇州）、慶元（寧波）為據點而獨立自保，甚至毫不在乎地與元朝聯手合作。元朝末年的反叛者們，即以長江下游地區的高度經濟力為後盾，大為展開海外貿易。

朱元璋的崛起

明朝的創建者朱元璋，天曆元年（一三二八年）生於濠州（安徽省鳳陽）貧農家庭。十七歲時因饑荒、疫病而失去家人，不得已被託付於附近的佛寺，不久便踏上托缽乞食之旅。其以三年的時間遊歷淮西（淮水以南的西部地區）一帶，是白蓮教徒傳教活動盛行的地區，他也受到了該教的影響。雖然沒有朱元璋成為白蓮教教徒的明確證據，但其接觸到白蓮教而感受到社會各種矛盾，是確有其事的。

圖 2　明太祖朱元璋

至正十二年（一三五二年），鳳陽土豪郭子興呼應起事，朱元璋亦投入其麾下，並在郭氏的軍隊中一口氣嶄露頭角。不過，他不久便決定離開郭子興旗下，和夥伴率領少數兵力南下。他著眼於江南的經濟勢力，過程中擊敗地主鄉里防衛組織的民兵、義兵，不到一個月就膨脹為擁兵數萬的大軍團。

地主勢力加入後，勢必改變集團的性質。原本朱元璋的軍團是反叛軍，亦是既有秩序的破壞者。然而，地主們為了重建秩序，而期待他成為取代元朝的新秩序統領者。他們強力要求朱元璋從事確立軍事據點，以及以儒教德治（禮治）主義收買人心。終於渡過長江的朱元璋，至正十六年以集慶（南京）為根據地，並將之改名為應天府，意為順應天命。生元璋被推舉為吳國公，在應天設置江南行中書省，進行統治。

過了不久，劉福通等人統領的大宋國，在至正十七年兵分三路開始北伐，隔年攻下開封（河南省）、定為首都。開封是被元消滅的宋代之舊都，定都該地可謂是大宋國的巔峰時期。但是，隔一年的至正十九年，元朝奪回開封，派遣至各地的北伐軍亦被元軍各個擊破，大宋國最終淪落為與流寇相等的掠奪集團。明眼人都看得出來，大宋國勢力已經退潮。

西系紅巾軍的天完國也發生混亂。至正二十年（一三六〇年）陳友諒殺死主公徐壽輝而獨立，在江州（江西省九江市）建立大漢國。聽聞此事的明玉珍在重慶（四川省）即皇帝位，創建大夏國。至此，天完國分裂為二。以至正二十年前後為分界線，中國國內局勢更加分裂，呈現群雄割據狀態。白蓮教教徒懷抱建設宗教王國的崇高理想，至此已然完全褪色。

前進浙東

朱元璋壓制應天（南京）周邊地區後，自至正十八年起展開了對浙東（浙江省錢塘江以東）的攻勢。同年底攻下浙東要地婺州（金華），於該地設置中書分省與金華翼元帥府等行政和軍事中樞機構。金華為南宋以降的儒學重鎮，亦是江南文化中心地帶。在繼承正統朱子學傳統的該地，形成了以經世濟民為主旨之金華學派，引領著浙東思想界。籠絡浙東的知識分子，對於領有浙東地區是不可或缺的，也能證明朱元璋政權的正當性。故而，朱元璋率先延攬他們，亦是理所當然之事。

特別是劉基和宋濂兩位儒學大師，他們加入朱氏政權的意義尤為重大。劉基以學者之身長於謀略，後來發揮了獲稱「當今孔明」的軍事才能。另外，宋濂則是繼承金華學派正統之道的儒學者，後來明朝一代的法律、禮樂制度，據說大部分都是宋濂策畫的。浙東學派領袖們協助朱元璋一事，也影響了其他知識分子，後來陸續加入朱政權。到了這時，朱元璋政權已經不再是過去的反體制集團，而是轉變為標榜維護體制之傳統政權。

至正二十年，朱政權廢止了軍糧調達法近乎掠奪的寨糧。也是從這個時候起，在向來的「不殺」口號加上「養民」主張。所謂的養民，即是保障人民生活，政權安定與否端看此一政策的成敗。從掠奪改變為養民，顯示出朱元璋的成長，亦反映其集團的質變。

群雄割據

於此同時，張士誠在長江下游地區的平江（蘇州）建立起龐大勢力。他在至正二十三年自封吳王，建造了王宮，並整備官僚制度。其南邊的慶元（寧波），則有方國珍勢力。以朱元璋來看，上述勢力再加上長江中游地區的陳友諒，便形成自身被周圍強敵包圍的態勢。當中最具威脅性的，是江州的陳友諒與蘇州的張士誠。在聽取了劉基的意見後，朱元璋選擇首先攻擊野心家陳友諒。

至正二十三年，兩方在鄱陽湖（江西省北部）之戰決一雌雄。相對於陳友諒坐擁數百艘巨艦的壓倒性優勢，處於劣勢的朱元璋使出湖上火攻的奇襲戰法，獲得了奇蹟式的勝利。混亂之中，陳友諒中了流箭，當場死亡。

新一年的至正二十四年正月，朱元璋即吳王王位後，新設立相當於宰相府的中書省，任命李善長、徐達為右相國與左相國（承襲元朝，以右為上位）。由此，朱元璋的獨立國家誕生，他的朱吳國和張士誠的張吳國在長江下游互相對峙。最後，朱元璋組織二十萬兵力攻擊張吳國，至正二十六年十一月包圍了蘇州。張士誠雖然堅持了半年以上，終究被捕、自縊而亡。自此，朱元璋遂使用朱吳國的年號，將至正二十七年六月稱為吳元年（一三六七年）六月。

戰後處理帶著報復意味，相當慘烈。張吳國主導者受到處刑，官僚、將士或避難到蘇州者總計二十萬人強制移居應天。蘇州、松江的富豪被遷至朱元璋的故鄉鳳陽，他們的土地則被沒收為國有地官田。官田獲課重稅，其後給當地居民帶來痛苦。相對於此，同年十二月投降的方國珍，受到赦罪、在應天享盡天年。

先前提到，朱元璋對前往蘇州的士兵發出檄文，文中初次將紅巾軍罵為

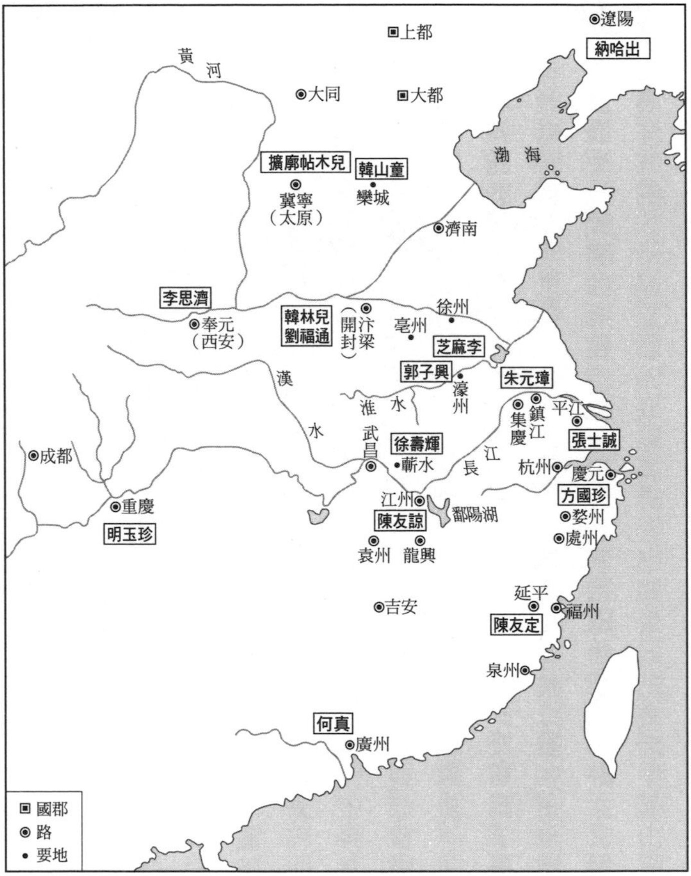
上都
遼陽
納哈出
黃
河
大同
大都
渤
海
擴廓帖木兒
韓山童
冀寧
（太原）
欒城
濟南
李思濟
韓林兒
劉福通
汴梁
（開封）
奉元
（西安）
徐州
亳州
芝麻李
郭子興
濠州
朱元璋
漢
淮
水
集慶
鎮江
平江
水
武昌
徐壽輝
蘄水
張士誠
長
江
成都
杭州
慶元
江州
方國珍
重慶
鄱陽湖
陳友諒
婺州
明玉珍
處州
袁州
龍興
延平
吉安
福州
陳友定
泉州
何真
廣州
國郡
路
要地

圖 3　元末群雄割據圖

妖賊。當時他處於創設王朝的倒數計時階段，這是和白蓮教訣別的宣言。問題在於對名義上的主君小明王韓林兒的處置。朱元璋將位於滁州（安徽省）的小明王招至應天，途中在長江的瓜步渡口使船翻覆、令韓林兒溺斃。這雖然是掌權者消除礙事者的常見手段，但他就這麼赤裸裸地下手了。

元明革命的完成

在群雄爭霸戰中脫穎而出的朱元璋，終於在吳元年（一三六七年）十月對元朝展開北伐。征虜大將軍徐達、副將軍常遇春率領二十五萬北伐軍，在「驅除胡虜，恢復中華」的旗號下勢如破竹地進擊，到了同年年底幾乎支配了整個山東地區。

隔年正月，朱元璋在應天南郊祭祀天地，於文武百官萬歲呼聲中即皇帝位，國號為大明，年號取洪大武功之意而為洪武。此即大明王朝的誕生。關於明的國號有幾種說法，像是受到摩尼教「明王出世」思想的影響，採自意指南方的「朱明」，或是基於《易經》「大明終始」，但是至今仍未有定說。大元的國號源自《易經》「大哉乾元」，繼承元朝正統的明朝也引用《易經》

的話，並非不可思議。不過，由於沒有確切證據，而難以斷定由來。順帶一提，朱元璋的廟號為太祖，謚號是孝皇帝。又，自他以降開始了一世一元制度，故亦冠上年號而稱其為洪武帝。

在此期間，明軍向四方進擊，順利地拓展了領土。北伐軍亦於同年閏七月逼近大都，致使元朝最後的皇帝妥懽貼睦爾（一三三三—一三七〇年在位）未經一戰即放棄大都、逃往北方。他短暫停留在上都（內蒙古自治區多倫縣西北方），因明軍追擊而逃至應昌，病逝於當地。不久，明軍突然襲擊該地，擄獲皇太孫買的里八刺後凱旋回到應天。朱元璋大發平定沙漠詔，對國內外宣揚元明革命的成就。又，有鑑於妥懽貼睦爾是順應天命、離開中華的皇帝，贈予謚號「順帝」。

過去在二十世紀中葉中華人民共和國誕生之際，元明革命與打倒滿洲族所建清朝的辛亥革命並列為民族革命，朱元璋亦被視為民族英雄。當時正處新中國撇除從鴉片戰爭以來的西洋和日本等列強侵略、終於贏得解放的氣氛，這股氛圍也如實地反映在對明的歷史評價上。

確實，元末叛亂並非沒有民族革命成分。比如白蓮教教主韓山童自稱宋徽宗第八代子孫，韓林兒建立大宋國、以宋朝舊都開封為首都，這些都是主張打倒元朝而再興宋朝、鼓舞漢民族的民族主義。這份意識成為元明革命的原動力，是不可否認的。

不過，需要注意的是，朱元璋未曾主張過復興漢民族國家。他提倡的是回復中華，而不是漢人國家再興。這個意思是，即便身為異民族，若是體會了中華的禮、義等中國文化，便能跟漢民族一樣獲得中華之民的待遇。即便是曾經鼓吹滅滿興漢民族主義的孫文，在中華民國成立後，也不得不主張中華民族「五族共和」。所謂的中華民族，是揚棄個別民族而成立的上位概念。多民族國家中國採取的中華概念，看來是有著魔法一般的效用。

二、絕對帝制的確立

復興國土

元末的叛亂、天災或饑荒等各項衝擊，完全由淮水以北的華北地區所吸收。當地自金宋、金蒙對抗以降，便時常成為戰場，近年則夾在東系紅巾軍的大宋國與元朝之間，為戰亂所苦。人口隨之激減，無人耕作的田地就此遭到棄置，無人荒野連綿不絕。當然，江南也一樣受到了衝擊。於是，在新王朝開始的現下，首先必須做的，就是使民眾生活安定，以及復興國土。新王朝需要講求具體的養民政策。

自王朝成立前不久的吳元年五月以降，朱政權就對新獲得領土免除三年稅糧及徭役，王朝成立後也在各地實施免稅措施。為了增加耕地，政府獎勵開墾、提供耕牛與稻種，並免除稅役。一方面推動流落他鄉的農民回鄉政策，另一方面亦積極實行從狹鄉（人口多的地區）往寬鄉（人口少的地區）移民之政策。特別是華北地區，在此移民政策實施下逐漸增加人口，農業生產也慢慢恢復。

上述政策施行的結果，即是民眾生活漸漸穩定，農地面積亦逐年增加。根據洪武十四年（一三八一年）的統計，戶部（財務省）管轄的全國總耕地面積為三六六萬七七一五頃（一頃約五・八公頃），其中約半數的一八〇萬三一七一頃，是明朝成立後所開墾的土地。

另外，稅糧歲入額方面，洪武二十六年有三二七八萬九八〇〇石，對比元朝泰定二年（一三二五年）歲入額一二一一萬四七〇八石，約增加了三倍。人口部分，洪武二十六年有六〇五四萬五八一二口，遠遠超過元朝極盛時期、世祖忽必烈至元二十八年（一二九一年）的五九八四萬八九六四口。即便只看這幾項指標，也能了解明朝為回復國力的投入程度有多少。明初的養民政策，確實如朱元璋的期待一般，展現出成果。

南人政權

然而，明朝卻面臨一個巨大的矛盾。該矛盾起源於明朝是一個受到江南地主＝南人支援而成立的南人政權。一般以淮水與漢水為界線，此線以南者稱為南人、以北者則為北人。由於朱元璋係從淮水流域南下而創設了明朝，理所當然地，其政權主事者、支援者大半都是南人。明朝既然以南人政權的身分出發，便會面臨南人政權獨有的兩難困境。

中國歷史最早以黃河流域的華北地區為舞臺，直到三國時代以降才涉足江南地區。特別是江南地區不斷開發之下，在經濟方面發展為超越華北的先進地帶。隋代開鑿大運河，使北方吸取了江南的經濟力量，南方則藉著自宋代以降豐富的生產力為後盾、地主制度更為發達，文化方面也凌駕於華北。自然而然地，科舉合格者以南人占多數。雖然自古以來華北一直是政治中心，但是如同帝都從長安遷至洛陽、再往開封東遷一般，政治重心亦隨著時代變化而逐漸接近生產地帶，印證了江南比重的提高（參見本系列第二卷）。

原本中國就相當廣大，華北和江南（這裡指的是淮水以南的廣義江南地區）在氣候、風土上都大為相異，連帶使得兩地的農業樣式、生活習慣亦有顯著不同。農業方面，以淮水為分界，北方以麥作為多、南方則以稻作為主流。反映在飲食習慣上，亦有北方麵食、南方米食的差別。這些差異致使各地各自產生同鄉意識，不時出現兩者之間的對立。宋代以降的政界內部，亦屢次出現南人與北人的抗爭。

十四世紀後半明朝以應天為首都而成立一事，可以說是顯示了江南發展史到達一個巔峰。至今為止各自分離的政治與經濟、文化重心，到了明朝政、經、文三者重心都在江南達到一致。應天成為三者聚集的首都。而且，支撐明朝政權內部的文武官僚們，多數都是江南出身的南人。他們為了維持自己的既得權益，積極地支持、協助朱元璋。其結果，就是明朝的誕生。

誠然，若是明朝只有支配江南地區，那也沒有關係。就像三國時代的吳國、南北朝的南朝一樣，專心致力於江南的開發即可。然而，明朝既然是包含華北地區的統一王朝，就不能如現狀一般，繼續當一個偏向南方的閉鎖政權。興起於江南的明朝為了成為統一王朝，首先必須解決這個問題。對於明朝而言，壓抑南方而優待北方，是實現南北同等支配的必須要件。於此，朱元璋以擺脫南人政權為目標，展開了一系列政策。

南北同等支配

華北與江南兩地設置的兩個首都，將朱元璋南北同等支配方針更直截了當地向全國展示出來。洪武元年八月，朱元璋以應天為南京、開封為北京，開始了南北兩京制度。北京雖然是名義上的都城，但是透過在北方和南方都設置都城，顯示出南北同等支配的態勢。

隔年，他以故鄉鳳陽為中都，建造小規模的皇城，設置了中央官廳、國子學（國立大學）。為了充實中都，也從江南移入了總計將近二十萬人定居。

圖 4　中都（鳳陽）的皇陵碑

正如中都的名稱意味著天下的中央一般，朱元璋似乎短暫地認真考慮過遷都於中都。原因除了中都是自己的故鄉外，還有中都與華北、江南都是等距離的關係。最後雖然在劉基反對下中斷了中都的建設，但從此事也可看出朱元璋對南北同等支配的講究。

官僚任用上，亦自洪武四年起實施「南北更調制度」。這個措施是透過讓南人到華北、北人到江南赴任，使官僚離開鄉里、斷絕與同鄉的連結，防止其扶植在地勢力。當然，最大的目標是讓南人遠離江南，原因在於南人官僚與在地江南地主官民串通一氣下種種勾結、不正當行為的問題化。南人政權的自我矛盾，隨著王朝創設的同時浮上檯面。

即便如此，官僚對王朝的營運仍是必要的。洪武三年初次舉行官僚採用考試的科舉，連續實施了三年，反映出官僚的不足。然而，就在第三年的鄉試（地方考試）結束、緊接著隔年要實行會試（中央考試）的時候，突然宣布中止科舉。這是由於合格者都是只擅長文辭的年輕一輩，不太了解實務的關係。不過，重點似乎是合格者大半為南人，不符合朱元璋的意向。因此，新一期科舉將由宋濂負責，只採用北人、實施新人教育。最後，科舉一直到洪武十七年都處於中斷狀態。

替代實施的是推薦制度的「薦舉」。這個制度講求不一味偏向南人、也公平錄取北人的方法。科舉中止期間，為了提升北方的文化程度，派遣許多教師到北方的學校。另外，還頻繁地發送四書五經等書籍，試圖改善北方教育體制。為了實現南北同等支配，首先有必要改正文教面向上的南北差距。

南北經濟統一

經濟面向實施的政策，又是如何呢？明朝跟宋朝一樣採行兩稅法，在夏、秋兩季徵收稅賦，不過，其特徵在於規定以米、麥等實物繳交之義務。傜役也是一樣，不收取貨幣，而要求實際的勞動力。這是由於當時正處元末混亂之後，貨幣經濟式微，經濟衰退到實物經濟階段的緣故。明朝雖然流通洪武通寶或歷代的銅錢，但若是強制要求農民繳納貨幣，將會使他們為了收集銅錢而增加額外負擔。養民的最適切方法，即是稅役由實物繳納。

在此之前，元朝採行唯一使用紙幣（交鈔）的政策，禁止民間使用銅錢或金銀。另一方面，蒙古帝國統合的歐亞大陸，則是在「蒙古的和平」下出現大交易圈，使用銀為結算通貨。所謂的銀，並不是像銅錢一樣的錢幣形式，而是被稱為銀錠的金屬塊，其透過穆斯林御用商人＝斡脫（按：譯自突厥語ortak「夥伴」）商人等而環流於歐亞大陸。也就是說，即便民間被強制使用交鈔，上層社會或國家財政仍是由銀所轉動的。

元末混亂造成的貨幣經濟崩壞，在叛亂舞臺的華北地區特別顯著。相反地，在擁有許多地主、商人等富裕階層的江南，則由銀取代價值滑落的交鈔而滲透進入民間。銀停止往西方流出，而從各地轉流入江南，商人亦在大宗交易上使用銀。雖然元末叛亂餘波使得多數的銀退藏於民間，使用銀的傳統依然持續到明初，華北、江南在回歸實物經濟的程度上亦有相當大的差距。

因此，明朝施行實物納稅符合華北實態，帶有緩和當地負擔、支援復興的意味。若是當下要求貨幣納稅，必然提高華北的疲弊。另一方面，對於江南，抑制銀的單獨流通是為急務。銀的材質本身即有價值，故而其流通與國家政策無關。如果放任不管，江南經濟界將以銀為主流，如此一來便違反了南北同等支配。明初提出禁止使用金銀的禁令，背後其實有著上述的特別考量。

洪武八年，明朝在準備萬全下發行了紙幣大明通行寶鈔（大明寶鈔）。相對於元的交鈔最初是兌換紙幣，明的寶鈔最初是以不換紙幣來發行的。由於金銀使用禁令的同時發布，大明寶鈔受到國家保障而維持價值。明朝的目標是徹底吸收社會中的銀，在華北與江南通行大明寶鈔，實現經濟上的南北同等支配。當中也帶有明初特有的國家政策意圖，也就是要維持現行實物經濟，使小農生活安定。

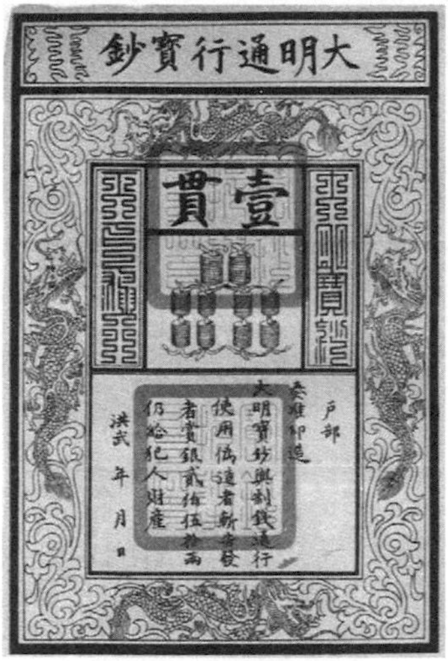

圖 5　大明通行寶鈔

官僚機構的改革

如同前述，最讓朱元璋感到頭痛的，即是南人官僚與江南地主的勾結問題。隱瞞稅金、賄賂橫行、貪汙等，都已經司空見慣，受到影響的當然還是小農。只要此等事態一日不解決，就無法期望脫離南人政權。再說，由於絕大權力對徹底根除弊害有其必要，權力集中秩序統領者的皇帝就變得不可或缺。為此，朱元璋等到國內安定下來後，便有計畫地興起大獄，在嚴加彈壓官界與民間中建構起絕對帝制。

當時，全國有十二個行中書省（行省），其下設立府、州、縣等行政機構。自開國之初以降，每當這些官廳在年末向中央戶部提出會計報告書之際，經常準備只蓋了長官印鑑的空白文書（空印文書），若是數字有誤即可修改於其上，省下特地回去製作、修改的手續。然而，洪武九年（一三七六年）將空印文書視為不正當，突然貶職或處死了數千名地方官。此即所謂的「空印案」。

這個事件的目的，一般認為是要替換王朝創建過程所任命的地方官（當然多數是南人），以及改革地方官廳機構。經此事件後，承襲元朝制度、給予地方大權的行中書省遭到廢除，由明朝特有的三權分立體制取代，也就是在各省設立承宣布政使司（民政）、提刑按察使司（監察、司法），以及都指揮使司（軍政）三司。地方官廳的權限被縮小，皇帝的權力則是顯著地強化。

地方改革波及中央的，即是洪武十三年的「胡惟庸之獄」。以宰相胡惟庸計畫謀反而被立刻處刑一事為起點，約一萬五千人被指為胡惟庸一黨的「胡黨」，遭到血祭。胡黨以南人官僚為中心，還包括不少江南地主、大商人，甚至是一般農民。他們沒有受到適切的調查，便被以殘忍方式公開處死。特別是浙東、浙西地主受到很大的損害，像是田地被沒收、劃入官田而課徵高稅率。就連浙東學派領袖宋濂的孫子，也被指為胡黨而受到連坐處罰，被處以流放之罪。

所謂胡惟庸的謀反不過是政治捏造事件，在今天已然是不證自明之事實。那時，相當於宰相府的中書省被廢除，自古以來一直存在的宰相制度遭到消滅。新崛起於官僚機構頂點的六部，由於長官（尚書）有六人之故，使

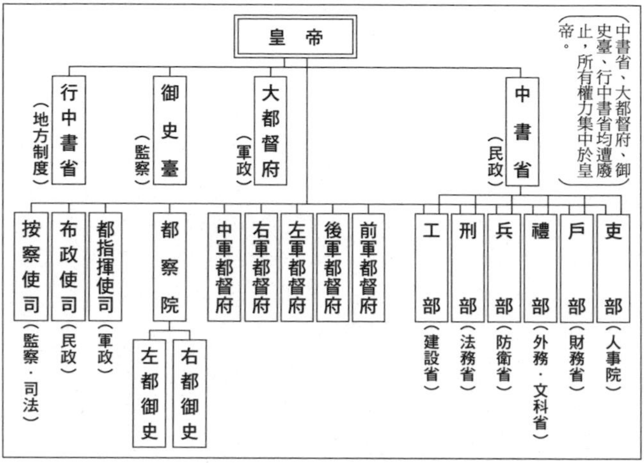

圖 6　明朝的行政機構

得官僚權限分散，不再能掣肘皇帝權力。再者，統領軍事的大都督府被改組為五軍都督府、分割軍事權，監察機構的御史臺則改為都察院、強化對官僚的監視。皇帝主導的機構改革，在殺戮風暴籠罩的恐怖政治中斷然實行。

朱元璋的改革，並不僅止於此。洪武十八年的「郭桓案」，以戶部尚書（財務大臣）郭桓的貪汙為藉口，進行了肅清六部官僚、全面替換。其後，在洪武二十三年李善長下獄事件、二十六年藍玉之獄等案中，更將開國功臣幾乎都處死。經過約十萬人的犧牲，完成了明朝的絕對帝制。

在此期間，朱元璋頻繁地對官僚行使廷杖（在朝廷上行杖打人）之刑，恣意興起「文字獄」以彈壓學者、文人，提高皇帝的權威。所謂的文字獄，像是指稱使用光、禿、僧等文字是誹謗過去曾係托缽僧的朱元璋本人為理由而處斬首極刑，使用各種毫無根據之說多所刁難、陸續逮捕或處刑許多人，致使對皇帝提出異議者完全消失。

透過肅清不法的多數南人官僚、江南地主，首先除去了南人政權積弊，而後亦在強權的政治改革下實現皇帝權的絕對化、神聖化。此事的象徵，即是五拜三叩頭（清代的三跪九叩首）禮儀。此禮始於洪武年間，透過臣下向皇帝跪拜、叩首於地面的屈辱行為，造就君臣之間無與倫比的隔絕。所謂的五拜三叩頭，可說正是在禮儀面向上將明初絕對帝制視覺化了。

鄉村改革

朱元璋肅清民間不法地主，並進行綿密的土地測量（丈量）、戶口調查（編審）後，於胡惟庸之獄隔年的洪武十四年（一三八一年）正月，在全國施行了鄉村組織的里甲制度。該制度在鄉村以鄰接的一百一十戶為單位、編成一里，里內各戶再基於「丁糧多寡、產業厚薄」劃分上中下三等戶等（爾後變為上上至下下的三等九則）。丁、糧多的富裕上等戶（多為地主階層）十戶為里長戶，其他一百戶均為甲首戶、每十戶各為一甲而共十甲，每年照順序輪流一里長戶帶十甲首戶負擔徭役，十年輪流一圈。里之中，在上述正管戶以外的剩餘戶稱為帶管戶（無負擔徭役能力的家戶特稱畸零戶），是正管戶的預備要員。

里長與甲首兩者合稱里甲，其所負擔的徭役有里甲正役和雜役兩種。對當值里甲（現年里甲）課徵的是里甲正役，包括里內稅糧徵收、搬運，後來還加入維持治安、提供中央或地方官廳必需品（上供與公費）等項目。稅糧徵收部分，由於明朝採取原額主義，若是徵收額度不足，就必須由當值里甲負擔。另外，雜役則是不定期分派予非當值里甲（排年里甲）的有力戶，視徭役輕重而按照戶則分配。

其他部分，徭役中特別重要的，即是十年一次的賦役黃冊編纂。所謂的賦役黃冊，指的是兼具戶籍簿和租稅台帳功能之登錄原簿，記載各戶的人丁數、田地面積和稅糧等，和土地台帳的魚鱗圖冊一同供徵稅之用。各里製成的賦役黃冊集中到各州、府、縣、布政司（省），最後送到中央的戶部保管。由於封面使用黃色紙張，故稱黃冊。

治安維持方面，後來當值里甲由「老人」（里內職務之一）負責里內教化、紛爭處理。老人從里內年長且有德者之中選出，在名為申明亭的建築中與里甲一同進行裁決。他們被賦予下級裁判權，能對輕微犯罪自行施行刑罰。其亦負責勸農、相互扶助等中心任務，里民以其為中心而過著自治生活。如同後述，里甲制度是由國家從上而下地重編、補強過去在地地主階層主導的鄉村秩序之下，所衍生的鄉村組織。所謂的明初體制，即建構於此里甲制度的基礎上。

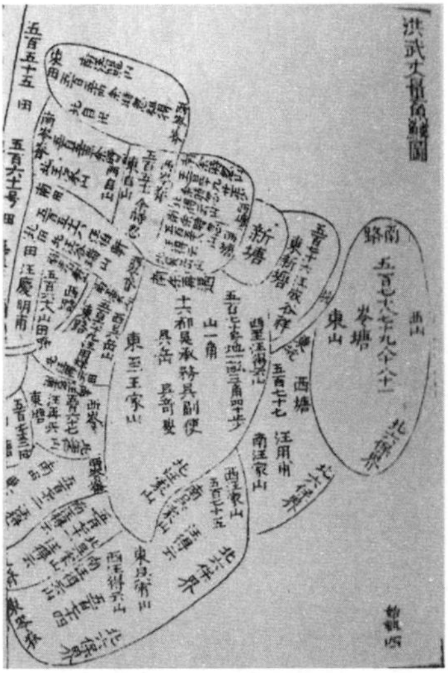

圖 7　魚鱗圖冊

三、社會統制方策與他律型儒教國家

流動性低的社會

明初體制的特徵是職業的固定化。使其成為可能的，在於當時社會處於流動性低、變動少的狀態。明朝沿襲元朝而採用戶籍制度，將庶民大致分為民戶、軍戶、匠戶、竈戶等，為社會流動設下煞車。占民戶多數的農民被編入里甲制、獲課稅役，軍戶成為衛所士兵的供給來源。手工業者匠戶在首都或地方的官營工場任職一定期間，生產國家的必要物資。竈戶則是沿海地區被強制從事製鹽的鹽業勞動者。

戶籍制度的主旨，係將農民綁在土地上，以確保稅收，農本主義的中國傳統上有輕視商業為末業之風氣，明朝也不例外。是故，不認可相異戶籍之間的互相移動，職業基本上都是世襲。這是為了在事前預防農民離開土地、投身其他職業。由此所衍生出來的農民管理系統，即是里甲制度。

在里甲之中，農民的行動自由亦受到限制。他們不被允許踏出里內一步，禁止夜間外出走動，還有互相監視行動的義務。商人在移動之際，不論遠近都必須攜帶記錄職務內容、目的地的通行證「路引」。一般庶民也是一樣。明初即有類似事例，談及為病危祖母到遠方求醫者，因為未攜帶路引而遭到逮捕。

庶民之間雖然沒有身分差異，其上卻存在特權階層，像是官僚之家＝官戶、皇帝家族或其一族＝宗室（皇室），或是外戚、功臣等貴族階層。另一方面，庶民之下也有隸屬民身分的奴婢、妓女等賤民，受到庶民階層的歧視。能擁有奴婢者，原則上除了宗室以外只有外戚、功臣受到認可，但實際上官僚、富裕階層家中也有許多法律上稱為雇工人而實為奴婢者。

整體而言，特權階層、庶民、隸屬民之間的身分差別是絕對的，身分上升手段幾乎只限於庶民階層在科舉考試中合格。雖然有官僚獲罪被貶為庶民、其家人被打為奴婢的事例，但是，總的來說，上述三個階層在法律上受到嚴格區分，特別是隸屬民幾乎沒有上升的機會。明初社會不只限制空間、職業之間的水平移動，對於身分上的垂直上下移動亦是嚴加限制。

分的強調

明朝能在全國實施里甲制此事，原本就已說明了明初社會的低流動性。當時，多數地主居住於鄉村（此稱鄉居地主），其中一大半是自己也投身農耕的手作地主。不同於明末離開鄉村、到都市居住的城居地主，鄉居地主和附近的農民之間結成了一定程度的共同體關係，在鄉村負擔起指導責任。當然，從元末時期地主的不法行為就已經外顯，不過，平常還是在這些在鄉地主努力下推動農業再生產、處理紛爭等。

明朝肅清不法地主後實施了里甲制度，並重新任命地主為里長或老人，期待著他們的在地指導力。里甲制下的農民，被強烈要求守「本分」過生活。地主有地主的、佃戶（佃農）有佃戶的本分。國家任命地主為里長、老人而賦予其地位相應的權威，他們便背負了與本分相應的義務，被期待要擔保里內再生產、維持治安。確定了鄉村內的上下序列，將各人本分灌輸進各自腦中。

為此，公布了《聖諭六言》，亦即所謂的「六諭」。亦即「孝順父母、尊敬長上、和睦鄉里、教訓子孫、各安生理、毋作非為」。這是將傳統儒教道德從家族、同族擴大到鄉里社會，透過固定各人各自的本分，而能維持鄉村秩序。在各里放置木鐸，由高齡者或身障者誦唱「六諭」、每月巡迴六次，是為了讓里民熟悉各自本分之故。其後，「六諭」被收錄到民眾教化法規的《教民榜文》中，以鄉村統治的支配理念受到重視。

不可忽視的是，《御製大誥》正編、續編、三編等訓誡書中，亦有教化農民的相關內容。書中生動地記載著官僚、民眾具體的不正當事例和殘酷懲罰，目的在於挑動人們恐懼心理、使其自重行動，而能勸善懲惡。朱元璋在各里設置里塾、發送上述書籍，由塾師指導學生背誦，農民在農閒時期也來聽講。他們會在塾師帶領下前往首都，在禮部展示背誦成果，依表現程度接受褒獎。

要言之，里甲制度是國家由上而下地重編鄉村中自然產生的社會秩序，將其更加強固化而形成之體制。農民透過遵守上層賦予的本分，使自身生命、財產受到保障。從執政者的角度來看，這確實是如假包換的真正養民之策。

儒教的倫理

儒教的天下觀中，原本就是接受天命的有德天子以自身德行（實體化為禮）教化人民，人民各自實踐己身德行（禮），從而令天下安定。漢代將儒教國教化後，向來儒家排斥的法（刑）行使，被認可得以施行於德行不通的小人身上。當然，德為主、法為從，但認可德行有界線、法亦不可或缺這點，可視為漢代以降儒教的特徵。向來，皇帝（天子）便是透過平衡德（禮）與法（刑）、好好行使之，而確保己身的正當性。

即便如此，站在儒教的立場來看，法是不得已才使用的，以法統治民眾並非其本意。天子正是因以德治為目標，才被允許以己身名義行使法。但是，當儒教倫理轉化到現實世界之際，出現了與其理念完全相異的狀況。皇帝以法統制民眾，德治時常變得不過只是將法的行使正當化之手段。這是由於，在秩序維持上，以法強制最為有效。

換言之，歷代王朝所以能制定刑法典的法律，其根據正是皇帝須楬櫫德治方能行使刑罰。朱元璋的政策即便時常被錯認為法家，也並未逸脫於儒教主義，全都能以儒教理論予以正當化。實際上，在其意識中，他自認是儒家一分子，與法家立場畫出明確界線。他曾言「所謂刑罰世輕世重」（《明史．刑法志．一》，原典出自《尚書．呂刑篇》），明確地顯示出為實現德治國家而行使刑罰之認知。

朱元璋在王朝成立後不久的洪武元年，一開始就數次編纂、改訂《明律》。留存到今天的，是洪武三十年最終改訂、刊行的《明律》，令有明一代皆須遵行、不可變更。據說朱元璋用心編纂《明律》，是在法律條文每次編出來後都寫到紙上、貼上牆壁，自己吟味再三才決定的。這件事說明他對法治投入了強烈的熱情。

他律型儒教國家

實際上，皇帝施行法治，有一部分也是來自社會的請求。對地主、知識分子來說，為了保障自己的財產與生命，現行秩序必須受到維護。若欲取締對秩序造反、破壞者，就必須要有遂行法律的秩序統領者。他們在期望皇帝施行德治（禮治）的同時，也將秩序統領者的權限託付予皇帝、強化其權力。皇帝獨裁體制並非只是皇帝個人欲望的產物，亦反映社會對維持秩序之要求。

王朝創立後不久，浙東學派的劉基曾對朱元璋說：「自元氏法度縱弛，上下相蒙，遂至於亂。今當維新之治，非振以法令不可。」（《明太祖實錄・洪武元年正月庚辰》）

這段話的意思是，養民的要旨以安定秩序為首。若無秩序則起混亂，終至人民生活無以為繼。為此，必須嚴格施行法治。朱元璋所推動的政策，和以劉基為首的浙東學派在主張上並無二致。他們也認為必須使用法律來肅正綱紀，如此才能維持秩序、保障人民生活。

不同之處在於，浙東學派的主張中，在以法回復秩序之前，須先訂立德治計畫。他們認為，為政者的任務是透過教化讓人民各自體認到德（禮），並自發地遵守秩序。相對於此，朱元璋則是無視了人們的自發性，試圖強制其遵守秩序。他以秩序統領者的身分強化皇帝權力，以此為基礎而讓統制深入社會各個角落。其意圖是透過力量、強制來實現儒教秩序，建構起他律型的儒教國家。

明初專制主義的高漲與絕對帝制，絕不是朱元璋一人所為的結果。當時，社會氛圍的確是支持著他的。然而，他的政策遠遠超乎社會的預想，過於嚴苛、慘烈。經歷過元末秩序崩壞的中國社會，在明初此一時代中，孕育出這麼一個兼具狂氣與信念的非人類皇帝。

理念世界與現實世界

讀到這裡，請先看看下頁的〔圖8〕。右側為儒教描繪的理念世界，左側則是現實世界。理念世界是根據現實世界所設想，人民世界中的社會三層構造亦以中國固有集團的家族、宗族（父系同族集團）、鄉黨（鄉里社會）為前提。各個集團內的指導關係、基本秩序，都在現實中發揮機能。儒教以實際存在的社會集團為基礎，並在其上設定天下此一場域，從而建立起天子（君）—臣—民之天下秩序（其中不包括奴婢等隸屬民）。

在理念世界社會最上層的鄉黨中，「年高有德」的父老擔任指導者，維持著鄉村秩序。不過，父老的活動場域僅止於鄉黨，並未擁有超越鄉黨範圍的能力。欲超越鄉黨便有必要知曉其以外的天下，這需要獲得儒學教養、掌握

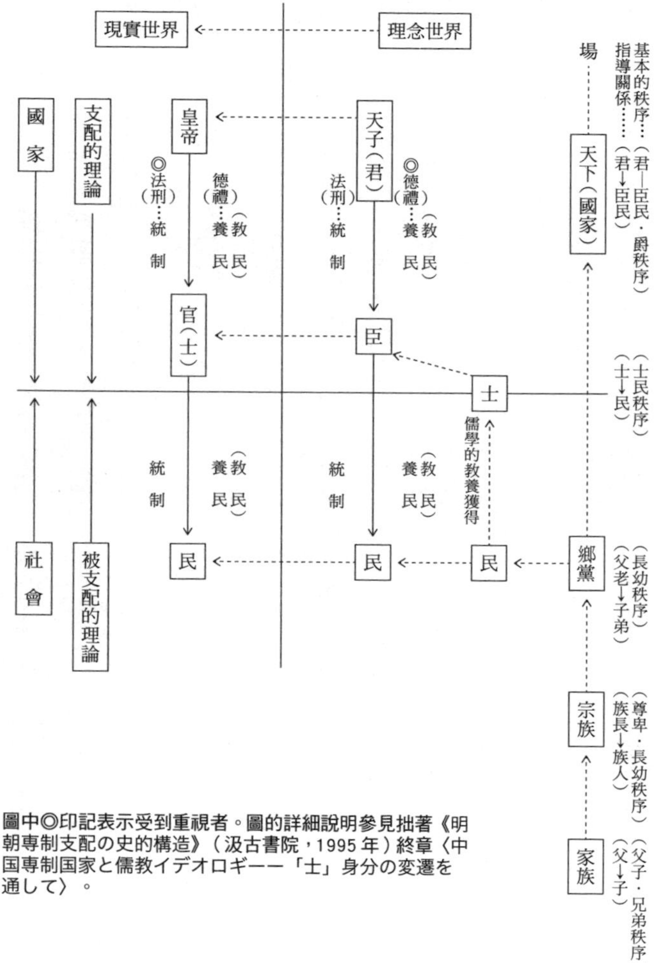

圖中◎印記表示受到重視者。圖的詳細說明參見拙著《明朝專制支配の史的構造》（汲古書院，1995 年）終章〈中国専制国家と儒教イデオロギー—「士」身分の変遷を通して〉。

圖 8　國家構造與儒教意識形態的關係

知識才辦得到。達成此境界的是士人。士人是學習儒學、砥礪德行，得到鄉黨支持，而在天下登場的人民指導者。

接受天命的有德天子，在天下等待士人到來。其採用「鄉黨之士」為臣下，兩者協力而以德行指引天下人民。具體而言，是透過實踐養民（人民的生活保障）與教民（人民的道德教化），讓人民維持生活、認識自身本分。其中雖然也存在德行不通者，但以法（刑）規制其行動即可。像這樣，天下的對立完全消弭，出現形同一家的狀態。天子與臣民成為這樣近乎父子關係的「天下一家」，正是儒教目標的終極境界。

理念世界的天子（君）—臣—民天下秩序，對應著現實世界中的皇帝—官（士）—民身分序列。歷代王朝將民眾的世界編成鄉村組織，由鄉黨指導者（父老）擔任組織之長（里長、老人等），負責其營運。再者，宋代以降重視官僚任用制度的科舉，以有無儒學教養為選拔基準。天子採用出身鄉黨、習得儒學的有德之士為臣下，便是將理念世界的理論照原樣應用到現實世界中。

然而，理念世界轉化為現實世界之際，自然會產生理念與現實之間的乖離，也可以說是場面話與真心話的差異。像是里長或老人身為指導者卻利用地位從事不法，理應採用有德之士的科舉墮落成利益及權力的道具，或是有儒學教養卻無德行的官僚、知識分子（士）輩出。到頭來能抑制他們行動的，還是只有皇帝集中權力，以法（刑）取締。這在理論上被正當化為「對德行（禮）不通者不得已的處置」。在理念與現實交錯中，儒教理論最後達到的結果，是強化了皇帝的權力。

身分序列的固定化

回想前文，在現實世界中若是楬櫫德治，也是有可能以法（刑）統制的。朱元璋就是透過這套理論，以身分序列固定化確立了秩序。

如同前述，他創造出以一百一十戶構成里甲制的鄉村組織，將所有農民都納入這個組織，並重新設定里長（老人）—甲首的身分序列。國家權力由上而下地將權威加諸於出身地主階層的里長、老人此一身分上，令其負責里內教化、裁判、徵稅、維持治安，從而維持鄉村秩序。在江南地區，以縣以下的區為單位而設置糧長，其義務是監督、率領里長徵收稅金或從事搬運。

支配階層內部的身分序列固定化，亦有所進展。其前提是朱元璋將參加科舉考試者限定於官立學校學生（首都國子監監生及地方府州縣學生員），使「士人」身分固定於單一資格。以往，除了賤民或服喪者外，只要是具備儒學教養的男性，任誰都能參加科舉考試（當然，從資金能力面來看，大半數的庶民從一開始就注定不可能參與）。然而，明代以降，參與科舉的先決條件，變成進入官立學校就讀，在該處取得士人身分。此事意味著，原本出身鄉黨而立足於社會的士人，完全被拉攏進國家那一側。可以說，士人在某種意義上轉為國家、政治上的身分，而被置於科舉體系的最下層。

鄉試（科舉的地方考試）合格者的舉人也是如此。宋元時代的舉人，要是在科舉的中央考試中落第，下一次就必須重新參加地方考試。但是，明代的舉人是終身資格，不必參加地方考試就能再次參加中央考試的會試。可能就因為這樣，向來只開放給進士（科舉考試最終合格者）的官僚之途大為開放，監生亦獲得出仕機會。不過，比起說這個措施提升了舉人、監生的身分，不如視之為國家包攝社會的程度再上一層樓的證明。明代中期以降，為了補充國家財源的不足而將監生身分買賣（捐納）制度化，也和士人身分資格化之下國家分配範圍的擴大不無關係。

實際上，他們的身分也在進士以下序列化，獲得比照官僚的特權。所謂的序列，反映在優待措施的免除徭役（優免特權）或刑罰減輕程度，或是官界晉升上限等。從無法出仕的生員到現任官僚，各自的身分形成了明確的階層秩序。所造成的結果，若是將理念世界的天子（君）—臣—民秩序單純化來看，在現實世界中即是具體化為以皇帝為頂點，其下有宗室（皇室）—貴族（外戚、功臣）—官僚—進士—舉人—監生—生員—糧長—里長（老人）—甲首—佃戶—隸屬民的階層化序列。

國家與社會

貫通國家和社會的此一序列，究竟能反映出什麼樣的現實呢？

原本在前近代的中國，國家與社會（民間）明確地分離，可以說，國家只在徵稅和維持治安面向上與社會有關。從國家的角度來看，社會不過是時常需要統制的客體，歷代王朝都是一邊注視著社會動態，一邊根據狀況分別使用德（禮）與法（刑）而進行統治。此際，國家與社會各自對應的是官與民或士與庶，一般都將這兩種身分秩序理解為同樣的意義。

然而，嚴格來說，官在前述序列中是官僚以上、民在進士以下。相對於此，士在生員以上、庶在糧長以下（當然，由官或士擔任的糧長、里長也是存在的）。也就是說，進士、舉人、監生、生員處於不是官、而是民，但又不是庶、而是士的微妙位置。到了明代，狹義的士指的是出身民而（理應）為社會要求代言、沒有官職者（若當上官則稱士大夫）。明朝透過優待與科舉體制有關的士身分者，將其和庶明確區別開來，並塑造為國家忠實的官僚預備軍。此即國家對士的籠絡。

不可忽視的是，為了固定化包括士庶在內的身分序列，而在許多面向上將其可視化的措施。最為切身的例子是服飾。明朝在衣服材質或形狀、刺繡的樣式及顏色等方面，按照身分不同而制定了許多細緻規定，其中也嚴格區分了士庶。一般庶民不被允許著用金色系刺繡的衣服或織物，也不能使用黃金、玉、珍珠、翡翠等裝飾品。另外，在乘輿、住宅、傘蓋、日用器具等日常生活各個面向也有所差別，下位身分者若是模仿上位者，便是僭越、僭擬行為，須依《明律》嚴厲處罰。

簡單來說，儒教理念的世界，是社會對國家由下而上地尋求更好的支配，亦即以「被支配的理論」為原理。原本這個理論是透過在社會上登場的士而和國家連結。另一方面，在現實世界中卻是完全相反，是由國家統制社會的由上而下「支配的理論」發揮功效。在這兩個向量的相互作用中，國家吸收了一定程度的社會需求（被支配的理論），巧妙地貫徹支配的理論，而強化了對社會的統制。如果上述的體制性歸結是明初的絕對帝制，那麼，從旁予以支持的明初體制，理所當然地會形成極度死板的僵固體制。明朝這個時代，就是一邊拖行著明初體制所加諸的障礙，一邊在國家與社會相剋之中進行開展。

第二章

明帝國的國際環境

一、中華的復興與朝貢一元體制

長城與海禁

正如本系列第三卷所提到的一般，元代採取由國家主導之重商主義政策，亦大力展開海外貿易。相異於漢、唐等將重點放在內地的大陸中國，宋以降的「近世」偏向海洋中國的傾向越來越強，到了元代抵達高峰。是故，元末的張士誠、方國珍都有志建設海洋國家，在某種意義上可說是「近世」群雄。不過，方國珍在中途就放棄了統一中國的野心，張士誠則失望地屈服於朱元璋的軍事力。在這個時間點，延續到元代的海洋國家誕生嫩芽，可以說是完全夭折。

究其原因，乃在對於出身貧農而固執於土地的朱元璋而言，海洋世界是個想像不到的界外領域。一直到創設王朝前，他完全沒有對於海洋、海外貿易表現出一絲關心。如同北伐之際提倡的回復「漢唐威儀」一般，其目標在於以漢唐為代表的大陸中國。由此不難推知，他的政策也就必須從大陸方面的觀點出發。

然而，在王朝成立的同時，明朝受到了來自海洋的慘痛回擊。方國珍、張士誠手下的海上勢力，失去領袖後自暴自棄，一同起而暴動。特別是以方國珍水軍為主力、明州（元代的慶元，洪武十四年後稱寧波，本書以下統稱為寧波）海上的舟山群島海民集團，特別頑強。他們由各島各自號稱元帥的「海上土豪」（明一方所稱）所率領，拉攏從日本湧過來的倭寇，全面抵抗明的攻擊。大概是對於大陸國家明的統制性支配及對未來無望的不安感，驅使海民們燃起了自發的反抗心理。

圖 9　舟山島的定海港（2001 年拍攝）

在這場叛亂方興未艾之際，明發布了海禁。這是透過禁止沿海地區居民出海來防止其結合海上勢力，而試圖鎮壓海上混亂。此一措施將海洋從陸地切分開來，非常清楚地說明了海禁正是大陸立場的國家本位才會施行的政策。海禁之目的在於維持沿海地區治安，亦即海防，最大的目標即是將瀰漫無秩序離心力的沿海地區分為兩半，以求提高其對新王朝的向心力、重整安定秩序。

另一方面，焦點轉向北方，離開大都的元朝勢力其後被稱為北元，持續威脅著明朝。特別是大將軍徐達率領的明軍，洪武五年時在土拉河（今蒙古國烏蘭巴托以西）大敗，損失數萬兵力，使明朝形成很大的心理創傷。明朝的對蒙古政策，即是以此為契機轉攻為守，自此以降在萬里長城地區配置許多軍隊，並以強化北方防衛體制為國策。

明在北方以長城設下與蒙古之間的界線，在沿海地區則透過海禁從陸地阻斷倭寇、海上勢力，對外政策即以此二方針為基準。在海洋比重大增的明代，海禁扮演的角色尤其重要。海禁的功能多樣，包括海防、管理朝貢貿易、維持國際秩序等，對周邊諸國具有決定性的影響。那麼，其實態又是什麼樣子？首先就從當時的國際情勢看起吧。

明初的國際情勢

元明更迭的十四世紀後半，在周邊諸國也發生了重大政治變動。朝鮮半島上的高麗王朝，自十三世紀受蒙古壓制以來，經常體會身為屬國的悲哀，包括擔任元帝國遠征日本（日本稱文永．弘安之役，亦即元寇）之前線基地，而被強加過度的負擔。到了十四世紀後半，更遭受倭寇來襲的打擊，王朝日漸傾頹。終於在一三九二年，武官李成桂以討伐倭寇為名起兵背叛高麗，放逐恭讓王（其後殺害之），建立了朝鮮王朝（李氏朝鮮）。

同一個世紀，日本亦經歷鎌倉幕府破滅、進入南北朝動亂時期。天皇家以吉野的南朝與室町幕府支持的京都北朝分立、對抗，加上幕府內部發生「觀應之亂」等紛爭，動亂情勢遲遲無法結束。最後，南北朝分立歷經逾半世紀，終於由第三代將軍足利義滿實現統一，時間則是與朝鮮王朝成立同一年的一三九二年。不論是對朝鮮或對日本而言，十四世紀都可說是個激烈變動的世紀。

目光移向東南亞的大陸部分，越南（大越）陳朝亦於十四世紀中葉因民眾叛亂、政界內部混亂而弱化，一四〇〇年為外戚黎季犛所滅。越南不久後為明所併合，此待後文再述。另外，十四世紀中葉泰國有阿瑜陀耶王朝興起，同世紀後半則有新興海洋國家琉球崛起。同樣在東南亞，島嶼部分則有爪哇的滿者伯夷王朝陷入混亂；馬來半島上興起港市國家麻六甲，在十五世紀迎來繁榮。

十四世紀的整體危機中，中國、周邊諸國都面臨國內統治動搖，隨之而來的是國際秩序流動化。源自日本的倭寇，便突破了其間縫隙，在海上囂張橫行。然而，隨著各國國內秩序修復，國際秩序也自然出現恢復如昔的預兆，其核心理所當然地是中國。當時明朝在國內構築統制體制，此方針照原樣地擴大至國外。結果，出現了以絕對帝制的明朝為中心所建構的僵化國際秩序。明朝毫不在意周邊諸國的意向，以大陸中國的大國理論主導了國際政治。

國際秩序的恢復

由明發起的國際秩序重建，在王朝創設後不久隨即展開。洪武元年十一月以降，即派遣使者至大越（明稱為安南）、占城（越南南部）、高麗、日本等國，向其催促進貢。其中，前往日本的使者在五島列島附近被倭寇所殺，其他三國則回應明朝要求前往朝貢，明朝便派遣冊封使冊封該國國王。

到洪武三年年底時，朱元璋要求朝貢的國家已增加到十多國，其間，仍連年派遣使者到日本。不過，如同前述，當時的日本正處南北朝時代，並不存在統一權力。明朝給予大宰府南朝一方的征西將軍懷良親王日本國王待遇，故而使用日本國王良懷（明朝將懷良記為良懷）名義的使者頻繁入貢。但是，明對於將軍足利義滿的使者，則以義滿為陪臣之理由拒絕其入貢。一直要到第三代永樂皇帝時期，室町幕府才被允許和明朝往來。

朱元璋之所以如此看重周邊諸國的朝貢，理由無他。首先，是國防上的問題。從明朝來看，整體而言是要讓周邊諸國全部成為朝貢國，不在東亞確立起國際秩序的話，就無法擔保安全保障。其中，冊封日本、使其成為臣下，對於苦於倭寇作亂的明朝來說，特別是不可或缺的。即便多次招撫日本失敗也還是持續要求其朝貢，即是為了馴服日本、消除倭寇作亂。

當然，朝貢制度不只著眼於國防，也對確立新王朝正當性有所貢獻。歷代王朝首要之務即是制訂禮儀，明朝也不例外。從傳統儒教觀念來看，禮正是維持秩序的真諦、德治的證據。透過實踐朝貢此一禮儀，明朝皇帝與周邊諸國的國王之間產生了君臣關係，禮儀秩序於是成立。前述三國（越南、高麗、占城）第一次前來入貢之際，朱元璋便詳細制訂了朝貢儀禮、冊封禮儀等，統整了禮治國家的體裁並予以實踐。

朱元璋考慮的是，和周邊諸國之間樹立基於禮儀的國際秩序，即能回復東亞與本國的安定。這是將周邊諸國定位於明朝國內秩序的向外延伸上，透過禮儀實現中華（華）與夷狄（夷）共存的世界。透過實踐此事，才真正能確保明朝代元而立之正當性。實際上，光是洪武年間即有十七個海外國家入貢，朱元璋也是一有機會就發表「統一華夷」、「君主華夷」等言論，展現華夷統合的實際成績。從這些言論也可看出，其身為中華天子對確立國際秩序的強烈願望。

海外貿易的繼續

由於明初曾實施海禁，一般往往容易誤認海外貿易也同時受到禁止，但是這其實並不正確。元代以來的民間貿易仍持續進行，日本、明朝之間也持續有一般商船往來於東海。與義堂周信並稱「五山文學雙璧」的絕海中津從肥後高瀨搭乘民間船隻進入明朝領土，正是在明朝成立的洪武元年年末。此時，也正是明朝為海民勢力崛起感到棘手、疲於應對，海上情勢騷亂之際。

王朝成立前不久的吳元年十二月，明朝在太倉（江蘇）黃渡鎮設立了貿易管理機關市舶司，開啟了海外貿易。黃渡鎮的貿易設施過去曾受張士誠支配，明朝應該是直接沿用既有設施。不過，從黃渡鎮到首都南京的距離，若是沿著長江上溯，也不過就是咫尺之間。因貿易而起的紛爭，不知何時便會波及南京。

當時，海商們為了防備海賊襲擊而自我武裝，其中亦有難以辨別是海商還是海賊者。元末寧波就曾有日本人海商屢次在港口引起爭端，不時鬧到拿起武器搶奪或縱火的地步。對此事態感到憂慮的元朝，甚至從元統三年（一三三五年）以後暫時禁止日本船隻來航。這樣的混亂狀況延續到明朝初年，外國船隻來航的港口在某種意義上成為戰場。

果不其然，在黃渡鎮也發生問題。唯恐爭端殃及南京的明朝，在洪武三年廢止了黃渡鎮市舶司。但是，朱元璋感受到海外貿易的魅力，在遠離南京的廣州（廣東）、泉州（福建）、寧波（浙江）三處新設市舶司，繼續海外貿易。其後，寧波成為面向日本、泉州成為面向琉球、廣州成為面向東南亞諸國的港口。

沿海地區有海民或倭寇作亂的同時，中國的海商仍一如往常地前往海外諸國，外國商人（蕃商）也來航中國，商業交易興盛。明朝一方面透過海禁禁止海民或沿海地區居民出海，另一方面則唯獨認可了國內外海商的交易。

海禁＝朝貢系統

然而，洪武七年（一三七四年）九月，明朝突然廢止了所有的市舶司。這是為了恢復毫無秩序的沿海地區安寧，不再只是禁止海民或沿海地區居民出海，而是禁止包含海商在內的全體民眾出海，亦禁止蕃商來航。至此，宋元以來的民間海外貿易完全中斷。

如同前章所述，明朝為了維持實物經濟，洪武八年公布禁止使用金銀的禁令，並發行南北共通通貨的大明寶鈔。正如同在推進南北同等支配過程中廢止市舶司一般，此事所具意義非同小可。若要進行海外貿易，自然會促進商品經濟、侵蝕實物經濟。特別是市舶司都位在銀經濟盛行的江南地區，不能讓繼續貿易這件事更加助長銀經濟。這既是違反了南北同等支配的旨趣，也聯繫著南北差距擴大的問題。最後，明朝比起財政收入更以國家安定為優先，一口氣推進了廢除市舶司之事。

民間貿易的全面禁止，將周邊諸國與明朝的交易限定於朝貢貿易上。所謂的朝貢貿易，是透過周邊諸國朝貢之官營貿易，進行貢品與回賜品的交換、朝貢船附帶裝載貨物交易等的統稱。明朝以貿易為誘餌而冊封周邊諸國，以此設定君臣關係、確立國際秩序。到這個時候，海禁不只是取締民間貿易（亦即祕密交易），還成為朝貢制度運作之補充裝置。將國際交流統一於朝貢制度的體制中，今天稱為朝貢一元體制。中國歷史上完成真正的朝貢體制的，除了明初再無其他。

整理前述，海禁的首要功能是為海防，維持沿海地區治安是明朝最關心的事。不過，禁止民間貿易恰巧助長國家獨占貿易，海禁於是加入貿易管理、甚至是國內經濟統制等次要功能。更甚者，由於周邊諸國都加入朝貢，其對國際秩序的形成、維持亦有莫大貢獻。海禁與朝貢制度連結，形成了一個國家系統，筆者稱之為海禁＝朝貢系統。

華夷的對立競爭

在海禁＝朝貢系統下，明朝實施了極其嚴格的對外政策。周邊諸國受冊封而成為朝貢國後，會受到種種制約。前文曾述及冊封、朝貢禮儀，但是其實還有貢期（朝貢年數區隔）、後來還增加貢道（朝貢路徑），甚至對各個朝貢國規定特定的入國地點。例如東南亞諸國多數是三年一貢、由廣州入國，再透過陸路與河運前往南京。另外，朝貢時必須攜帶該國國王上呈的表文（上呈予皇帝的國書）。

洪武十六年（一三八三年）四月，開始了新的勘合制度。所謂的勘合，是證明來者為正規使節的紙製文書，跟底簿（台帳）形成一套憑證，在中國國內從以前即使用於官廳之間。明朝將此援用於國外，首先給予暹羅、占城、真臘三國勘合百道（枚）。接著，也逐漸頒予其他國家，並規定入貢時有義務攜帶之，在入國地點、首都的禮部與底簿照合而確認使節真偽。明朝透過勘合制度排除偽裝的朝貢使節，使朝貢制度正常運作，而能更加強化對周邊諸國的統制。

朱元璋將多數國家來貢的狀況描述為「統一華夷」、「君主華夷」，但若是按照字面來解釋這些詞句，則容易產生誤解。究其原因，明朝以長城與海禁將夷（北方的蒙古或東南方的倭寇、海外諸國）完全隔絕於華之外，卻又向夷的君主尋求朝貢。明朝在民間實施徹底華夷分離的同時，卻熱中於計畫國家之間的華夷統合。以明為中心的國際秩序，其背景存在著這種在分離與統合之間的華夷對立競爭。

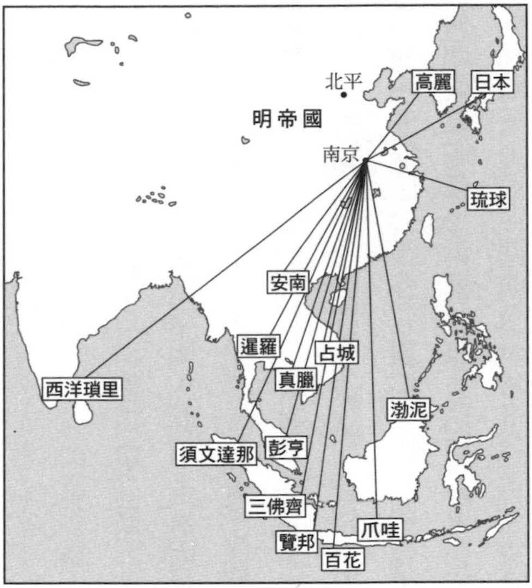

圖 10　洪武時代的朝貢圖

朝貢國的減少

到了洪武朝後半，在民間推行的華夷分離政策又再度受到強化。由於倭寇的活動越加頻繁，明朝在沿海地區設置許多城寨、衛所，增加數萬名士兵，而建構了強固的海防體制。在浙江、福建，由於擔心居民為倭寇引路，遂禁止漁民出海捕魚。更甚者，將從山東至廣東沿海島嶼地區的居民全部移居至大陸地區，使島嶼地區無人化，進而阻止倭寇在當地設置據點。上述措施的徹底實行，即是後來所說的「國初，寸板不許下海」（《明史・朱紈傳》）。本來這些措施是要令國際秩序正常化，但對於一心想著華夷分離的朱元璋而言，國家間的華夷統合似乎是次要的。

明朝的對外方針中，對於倭寇發源地日本的態度是決定性的。雖然朱元璋屢次命令日本壓制倭寇，但因其國內南北朝的混亂，成效一直難以提升。等到不耐煩的他，於是重提洪武十三年的胡惟庸事件，藉口日本與宰相胡惟庸串通而企圖顛覆明朝，單方面將之塑造為反派角色、斷絕往來。這是洪武十九年（一三八六年）十月的事。更有甚者，朱元璋為顯示對日本加以懲

圖 11　防備倭寇的城寨・崇武古城（泉州市惠安縣）

戒，在對子孫發布的《皇明祖訓》中嚴格命令將日本列為永遠斷絕國交者，列舉包括日本、朝鮮在內之十五個「不征之國」，禁止對這些國家進行無用的遠征。

總的來說，到了洪武朝後半，朱元璋的對外政策轉而內向，專心在強化海禁、海防等防衛面向上，而不再熱中於招募朝貢國。受到朝貢一元體制統制性的對外政策影響，朝貢國數目亦不斷減少。其中也有對於明朝對外政策死板又僵化的厭煩情緒吧。朝貢國逐漸剩下只有琉球在內的幾個國家，「統一華夷」、「君主華夷」等情景如今已是明日黃花。

二、永樂帝的積極外交

建文時代

洪武三十一年（一三九八年）閏五月，朱元璋在七十一歲時結束波瀾壯闊的一生，年僅二十二歲的皇太孫朱允炆代替早逝的皇太子即位。此即第二代皇帝建文帝（一三九八—一四〇二年在位）。

建文時代最大的特徵，即是在朱元璋時代受到壓抑的南人重掌主導權。皇帝的政治顧問翰林侍講學士（國立大學博士）方孝孺、政策主導者的太常寺卿（職掌祭祀、禮樂公家機構的長官）黃子澄、兵部尚書（防衛大臣）齊泰三人擔任政權中樞，分別是出身浙江、江西、江蘇的南人。他們和朱元璋晚年一樣政治立場趨於內向，幾乎不關心國際政治。

其中，浙東學派領袖的方孝孺，將年輕的建文帝視為周成王、自己則是周公，為了實現聖王御世而埋首政務。他的畢生職志，即是將創業期法治轉換為守成期的德治。但是，如同朱元璋評論「南人只擅長文辭」一般，方孝孺習於《周禮》的理想主義政策，加上建文帝的政治不成熟，必定無法在現實政治中生存下去。

另一方面，黃子澄與齊泰將內向視線轉向北方諸王。當時國內由朱元璋諸子分封，特別是在長城地區被稱為塞王的諸王們，穩固著北方防衛。其中，分封於元國都大都（明朝的北平）的，是朱元璋四子燕王朱棣。他屢次率領軍隊出擊蒙古地區，戰果赫赫，被朱元璋評為「朕無北顧之憂」。秦王樉和晉王棡亡故後，燕王成為諸王中最年長者，也是建文帝最為擔心的存在。

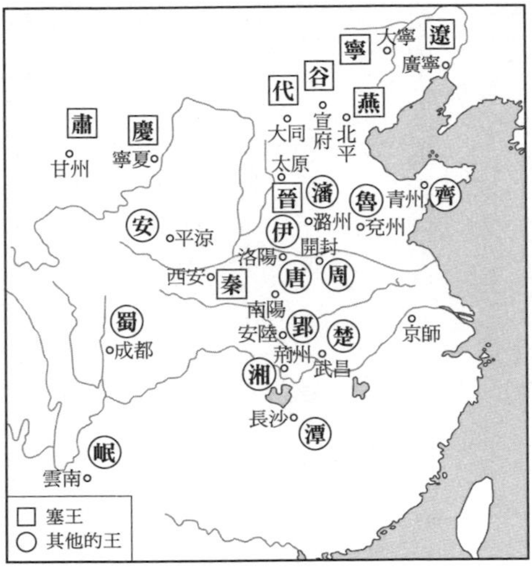

圖 12　諸王分封圖

建文帝即位不久，即在黃、齊兩人主導下開始消滅諸王。最早成為目標的，是平日素行不良、勢力也不那麼大的五王（周王、齊王、代王、湘王、岷王）。當然，南京政府的最終目標是在北平的燕王，自是無須多言。

原本北方諸王的分封，即是以其軍事活動補足定都南京所導致的北方邊防後退。是故，未設想對北方防衛的補救措施而只著手削藩，可說是怠於警戒蒙古的短視措施，但有鑑於燕王的威脅，也是不得已而行之。本來諸王分封本身即是南人主導南京首都體制下不得已的政策，建文時代可說是一口氣將南人政權的極限推向公開化。

奉天靖難

建文元年（一三九九年）七月，燕王為抵抗南京方面的強壓而在北平起事。他以除去皇帝身邊奸賊、平定國難的正當理由，將麾下軍隊命名為「靖難之師」，表現出此為基於天命的義舉（奉天靖難）。這場內戰的戰役稱為「靖難之役」，或是因亂事而稱「靖難之變」，使國土陷於混亂四年，最後以燕王一方的勝利作結。燃燒的南京紫禁城中不見建文帝蹤影，直到最後也未發現其遺體。

占據壓倒性優勢的南京一方之所以敗北的理由，包括燕王的軍事才能與戰鬥經驗豐富、建文帝相對經驗不足及性格優柔寡斷，或是在朱元璋肅清下南京一方已無名將等。不過，若要一言以蔽之，最大的敗因，即是建文政權主導者們在還未得出共識下，各自推進基於追求理想主義或現實路線的削藩，原來應予以統整的建文帝卻又缺乏指導能力。與其說建文政權是被燕王打倒，實際上更接近自我崩壞。

圖 13　永樂帝

建文四年六月，燕王在灰燼煙燻的敵陣南京即皇帝位，成為第三代皇帝永樂帝（一四〇二—一四二四年在位）、廟號太宗。其後，跟他一樣以外藩身分即皇帝位的嘉靖帝（一五二一—一五六六年在位）將其廟號改為成祖，故而一般稱之為成祖永樂帝。他在即位的同時恢復了洪武時代之制度、法律，號稱繼承洪武政治而將建文年號從歷史上「革除」，繼續使用洪武年號，直到隔年改元永樂。戰後，多數建文朝官僚宣示效忠永樂帝，直到最後都不改節而抵抗者則被視為奸臣，連家族都遭誅殺，即是意圖完全清除建文朝的色彩。此次肅清以該年（建文四年）干支而稱「壬午殉難」，據說逾一萬人殞命。

削藩主導者黃子澄被點為首惡，與首惡第二的齊泰一同在市街上慘遭殺害。不過，對於浙東學派領袖方孝孺，永樂帝有意予以赦免，令其書寫即位詔書。這是為了籠絡其背後牽連的知識分子，而有必要接納之。然而，身為基本教義派的方孝孺不可能回應篡位者的要求，憤怒的永樂帝遂將其在內的一族、知交、門生合計八百七十三人予以處刑（即所謂的「滅十族」），並流放無數人。對永樂帝而言，切斷國初以來浙東學派的系譜，便是抹消了南人政權之理念。

蒙古帝國的殘影

「靖難」在某種意義上可視為革命，在洪武與永樂之間留下一道斷絕。確實，在內政面向上，相對於前者晚年趨於內向、閉鎖，後者可說是一貫地維持外向、開放。再者，內政方面，永樂朝新設內閣制度，與洪武朝相反而重用宦官，甚至從南京遷都至北京，可以說其後的明代史都以永樂朝為起點而展開。表面上來看，洪武與永樂之間有所斷絕，即便將永樂帝視為明朝第二個創業者，也不能否認該事實。

即便如此，永樂帝絕非開始實行其獨有的政策。就算是由他初次實施的內閣制度，也不過是將朱元璋時代祕書官性質的殿閣大學士，改造為機密參與的諮問機關。再者，文化事業的《四書大全》、《五經大全》等書刊行，和企畫他律型儒教國家的朱元璋之間，在發想上也無不同。透過將上述《大全》定為科舉國定教科書、朱子學為官學，而能統制知識分子的思想，進而令既有秩序固定化。

若是先從結論說起，永樂帝的政治立場即如其所言，是繼承朱元璋之政策，進一步發展下去。那就是朱元璋直到最後都未達成的兩個目標。國內部分，要從南人政權轉換為統一政權。對外部分，則是華夷統合，也就是確立以中國為中心之國際秩序。永樂帝繼承了這兩個課題，並努力使之實現。但是，對他而言，另外還多了一個課題，亦即將自己透過簒位而當上皇帝的地位予以正當化。

永樂帝的目標是，在製作任誰都認可的真天子形象之過程中，解決前述課題。具體而言，是讓多數夷狄仰慕天子德行而向中華朝貢，在華夷之間體現出禮儀秩序確立的天下。為此，須實現父親也未能辦到的壓制蒙古，君臨華夷全體，實現「永樂盛世」。應該說是幸運嗎？永樂帝的理想模型近在眼前。那就是以其所居國際都市北平（元朝的大都）為中心，史上初次實現華夷統合的元世祖忽必烈。

如同前述，蒙古帝國崩壞後，誕生於各地的大型帝國中，只有明朝以否定蒙古為國策。朱元璋即位的同時，一律禁止胡服、胡語，採取一掃蒙古色彩、回復中華之大方針。然而，世界帝國蒙古的威儀及其殘影早已深深刻在明人心中，並非一朝一夕可以消滅。永樂帝為了正當化自己的即位而追求忽必烈的事蹟，絕非不可思議之事。他以中國理論重新敘述其事蹟，將此當作真天子的根據。永樂時代活躍的對外政策，其內裡有著兩個特殊理由，亦即經歷過蒙古時代的明初時代性，以及永樂帝之非法即位。

天下的擴大

永樂帝的對外政策，開始於向周邊諸國送去即位詔書。最先回應的是朝鮮，立刻派遣道賀的使者、隔年返還建文帝賜予的金印，重新接受永樂帝的冊封。這是永樂元年（一四〇三年）二月的事。

圖 14　足利義滿

同年，日本的足利義滿也派來使者。他早已在建文年間即與明朝恢復國交，這次以日本國王的身分前來朝貢，受永樂帝正式冊封，獲賜金印及勘合百道。距離倭人五王最後一次朝貢約九百年後，日本久違地再次成為中國的臣下。

日本國內對此激起反對浪潮，但對義滿而言，接受冊封的理由不過是著眼於日明貿易的利益。此後約一百五十年間日明之間進行貿易，但只有在義滿時代才有每年雙方往來船隻的蜜月期。當時，義滿將被倭寇綁架的明人或逮捕起來的倭寇送到明朝，作為回禮受到許多賞賜。永樂帝對義滿的忠誠予以好評，後者於永樂六年去世時，還派遣弔問使節贈予恭獻王之謚號。

永樂帝之所以重視日本，首要理由在於對付倭寇必須有其協助。可能是此一對策發揮了效果，倭寇的活動在永樂年間逐漸趨於平靜。再者，日本臣服於明朝這件事本身即有絕大意義。拒絕了忽必烈要求朝貢的日本，如今卻主動成為明朝臣下。這個事實助長了永樂帝的自尊心，亦無疑地在國內提升了其正當性。其與義滿是互相幫助的關係，可以說引導出國家之間的良好狀態。

與日本相反、受到永樂帝譴責的，是以南方中華自負的越南。由於受明冊封的陳朝國王被外戚黎季犛——又稱胡季犛——父子篡奪，永樂帝派遣了號稱八十萬的大軍，在永樂五年五月鎮壓全境、使越南內地化。此舉表面上是對越南違反禮儀一事的報復，亦即「問罪」，實際上促使永樂帝出兵的，果然還是忽必烈的幻影吧。吞併忽必烈直到最後也無法攻略的越南，和冊封日本一樣，是比什麼都重要的事情。從永樂帝逝世不久即放棄該地一事，也可看出這個事實。

暫且不提南邊的越南，明朝的領土亦向北方擴大。對於在東北地區（明代的遼東）從事狩獵、游牧、農耕的通古斯系女真族，實施了積極的招撫政策。擔任此一角色的是女真人宦官亦失哈。他自永樂九年以來即帶領艦隊出入黑龍江流域，在當地設置軍事機構奴兒干都司，從事東北地區的經營。因此，洪武年間僅有五處的女真族羈縻衛所（賜予部族長明朝武官職位、間接統治部族之組織），在永樂時代增加兩百多所，收歸明朝支配之下。

該地過去由渤海、契丹、金等異民族王朝所統治，在元朝時代才初次進入所謂的中國版圖。也就是說，對永樂帝而言，是為了和忽必烈比肩而必須納入支配的地區。其和越南在另一個意義上來說，都是不能失去的領地。天下向北方、南方擴大，也是為了讓永樂帝成為真天子的布局。

鄭和的遠征南海

永樂三年起，為實現華夷統合而大舉實施了鄭和的南海遠征（中國稱為

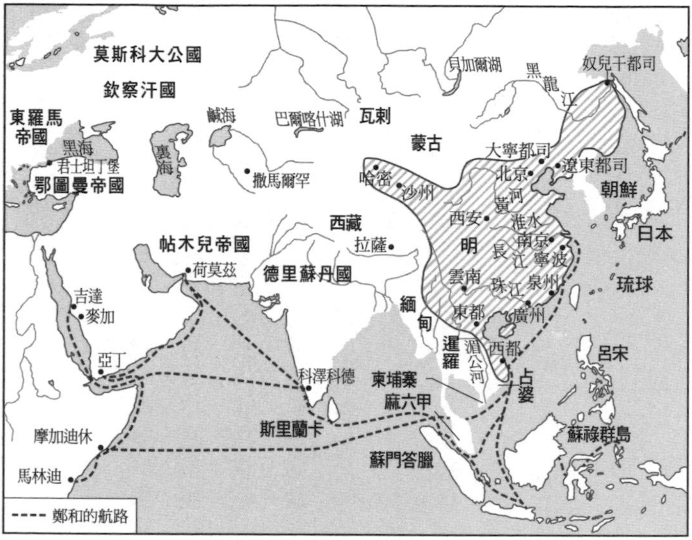

圖 15　永樂時代的明朝版圖與鄭和的南海遠征航路

「鄭和下西洋」）。這趟大遠征以伊斯蘭教徒宦官鄭和為總司令，前後舉行七次（最後一次是宣德年間），只看第一次出動戰艦六十二艘、士兵兩萬七千八百名的規模，都可知道此為一番空前絕後的大事業。訪問地區部分，最早是從東南亞諸國到印度的科澤科德，第四次以後擴展到西方，最後遠至阿拉伯半島、非洲東岸，別動隊還參加了麥加巡禮。

鄭和的職務並非以武力鎮壓訪問國，而是以軍事威儀為背景對訪問國的國王進行冊封。受到冊封的國王自然須派遣朝貢使節，他們搭鄭和艦隊的便船入貢，再搭鄭和的船回國。鄭和頻繁地從事航海，也是因為這個緣故。由此，永樂年間有三十多個海外諸國來朝。這是誇耀華夷統一的洪武時代也未曾見過的大事，被稱為永樂盛世。

確實，永樂時代海外諸國與明朝之間使節頻繁地往來，鄭和的遠征對此有所貢獻也是事實。不過，如同今天中國政府的官方見解，鄭和並不是為了與亞洲、非洲諸國的親善友好而出使。鄭和對訪問國所尋求的，是以臣下身分向明朝朝貢，透過兩國之間締結君臣關係而構築安定的國際秩序。近代特有的對等國交，在當時的中國自然是無法想像的。

再者，從鄭和南海遠征的盛大實行一事可知，永樂時代雖有採取對外開放政策的評價，卻也不夠合適。其看似不同於朱元璋晚年，展開了相當外向、活躍的海上活動，但卻只限於鄭和的遠征，民間貿易、民眾出海依舊不被許可。就這一點而言，鄭和的大遠征絕對不是否定了朱元璋創造的海禁＝朝貢系統，毋寧是在其框架中進行最大限度的海洋活動。

三、中華與夷狄的統合

北平為中國門戶

儘管實施海洋政策，對明朝而言，最重要的還是對蒙古的對策。洪武五年（一三七二年）明軍在土拉河畔吃下大敗仗後，北元繼承順帝的昭宗愛猷識理達臘便在哈拉和林建立據點，保持難以進犯的勢力與明對峙。這個狀況直到其弟脫古思帖木兒（天元帝）即位的洪武十一年也未改變太多，北元在中國東北部至蒙古高原一帶拓展勢力，甚至到雲南地區都有蒙古殘存勢力頑強地扎根。

朱元璋第一次進行諸王分封之際，大概就是在這個時候。洪武十一年，朱元璋封第二子秦王於西安（陝西省）、第三子晉王於太原（山西省），兩年後的洪武十三年封第四子燕王於北平。西安、太原、北平均為北方邊防要地，上述藩王其後亦率領軍隊出擊蒙古地區，時常予以威嚇。特別是前文已略述的燕王的活躍，令朱元璋往後說出「北平，中國之門戶」、「朕子燕王在北平」（《名山藏》卷四）。由此可見北平之於蒙古的軍事重要性，以及朱元璋對分封該地的燕王之軍事才能有著全盤信賴。

終於，洪武十五年明軍消滅蒙古在雲南的殘存勢力，該地初次成為明朝內地。再加上洪武二十年時，東北老將納哈出投降，一口氣削弱了北元勢力。隔年脫古思帖木兒在土拉河畔遭明將藍玉急襲，大敗西逃，途中被忽必烈之弟阿里不哥的子孫也速迭兒背叛、殺害。至此，元朝直系勢力完全中斷，可汗的地位移至阿里不哥家族。

此時也速迭兒賴以協力的，是當時新興於蒙古高原西方之瓦剌部。其在元代時只能蟄伏，經此契機而逐漸崛起。也速迭兒不久後去世，雖有其子恩克繼承汗位，卻在阿里不哥家族內部爆發汗位之爭，其後蒙古的混亂難以收場。

蒙古親征

在蒙古一片混亂中最終掌握實權的，是元朝遺臣阿魯台。他讓繼承成吉思汗血統的黃金氏族（成吉思統治原理）本雅失里即汗位，在蒙古高原東方建立巨大勢力。同一時間，瓦剌在三名首領帶領下壯大勢力，對抗東邊的蒙古。最終，在蒙古高原有一個蒙古與瓦剌對立的構圖固定下來。對此，明朝將蒙古與忽必烈直系的北元區別開來，蔑稱為韃靼，貶為夷狄。

相對於瓦剌對明朝較為友好，蒙古對明朝則屢屢採取反抗態度。永樂七年（一四〇九年）永樂帝巡行北京之際，授與靖難功臣丘福十萬大軍進擊蒙古，但丘福輕敵躁進之下中了敵人陷阱，全軍覆沒。盛怒的永樂帝此時決心親自出征，率領總計五十萬的兵力攻進沙漠，此即永樂帝的「蒙古親征」。其親征蒙古以永樂八年為第一次，直到逝世的永樂二十二年，前後共有五次親征。

其中，第一次親征朝向東邊的蒙古，第二次針對在此期間變得妄自尊大的瓦剌，剩下三次則皆以蒙古的阿魯台為目標。然而，明人雖以「五出三犁」（五出漠北，三犁虜庭）誇耀這幾次的蒙古親征，實際上僅交戰數次，並未令蒙古、瓦剌雙方徹底受到損傷。即便如此，帶領五十萬大軍在沙漠進行示威行動一事，致令北方獲得一定程度的安寧，仍是事實。

特別是蒙古、瓦剌都曾在明朝威勢壓制下一度臣服、接受冊封，具有重大意義。永樂七年，永樂帝封瓦剌首領馬哈木為順寧王、太平為賢義王、把禿孛羅為安樂王，授與印章和誥命（辭令書）。受到親征打擊的阿魯台也在永樂十一年受到冊封，獲授和寧王爵位。冊封蒙古首領是朱元璋時代所未見的，對明朝一方而言可謂一償長年宿願。

遷都北京

永樂帝即位不久後的永樂元年正月，便將北平升格為副都的北京順天府，和南京應天府一同開啟兩京制度，亦即今日北京、南京的地名起源。其後強制江南富民三千戶移居而欲充實北京，也移入外地一般民眾或罪犯，促進北京之都市開發。又為了統治副都，設置北京行部、北京行後軍都督府，處理政務及軍事事務。更有甚者，永樂帝在永樂七年以後即帶上中央官僚停留於北京，幾乎不太回到南京。

北京成為實質首都後，自然需要整備基礎建設。將來人口會膨脹，為了餵飽這些人民，必須仰賴江南的糧食。為此，以永樂九年開鑿會通河為起點而整備大運河，確保江南向北京的輸送路徑。結果，江南的經濟與北京的政治、軍事透過大運河連接起來，不知不覺中代替以往南京首都體制的全新北京首都體制便建立起來。

遷都北京雖為舉國進行的巨大工程，相關計畫卻從未發表，而是在極度機密下進行。這是因為，對於從北京打入南京篡位的永樂帝而言，南人勢力的反抗比想像中的大上許多。北京宮殿（紫禁城）的營造亦從永樂十四年正式展開，耗費四年而於十八年年末完成。永樂帝以此為契機發布遷都詔書，隔年正月正式將北京定為首都，削除至今為止北京官廳名稱附加的「行在」二字，南京則改為副都。

遷都至北京的同時，南京仍留有規模雖小、編制相同的中央官廳。這個官廳為和北京京官區分開來而稱南京官，統括仿效北京首都圈（北直隸）成立的南直隸政務。南京官與南直隸的新設，可能是為懷柔反對遷都的南人勢力所實行之措施。另外，為防不穩活動，在既存的錦衣衛（禁軍之一、負責特務）之外新設立以宦官為長官的特務機關東廠。實際上，遷都後三個多月，紫禁城三大殿（奉天殿、華蓋殿、謹身殿）因落雷燒毀之際，以此為天譴的理由強力主張還都南京的，全部都是江南出身的官僚。遷都北京之所以耗費十九年歲月，也不是沒有理由的。

天子之都

其實在遷都北京以前，洪武年間遷都問題即曾成為討論課題。完成許多改革的朱元璋，於洪武二十四年派遣皇太子朱標到陝西地區視察遷都候補地的西安。皇太子回到京城後獻上西安地圖，只待正式啟動遷都相關行動。然而，正當此時，皇太子卻因病驟逝，遷都計畫因而中挫、化為白紙。隔年，沮喪的朱元璋正式宣布中止遷都，洪武年間的遷都計畫完全廢止。

朱元璋的遷都西安與永樂帝的遷都北京，兩者似乎有些雷同。當然，遷都候補地點西安、北京是不一樣的。不過，這兩地的共通點在於都是北方城市，顯示兩人察覺到南京作為首都有其極限。問題在於，為什麼朱元璋選擇西安，永樂帝則選擇北京？

朱元璋在統合華夷意圖漸淡的晚年所策畫之遷都西安，反映出其關心所在，意味深遠。當時，諸王分封體制發揮功能，北方防衛也已上軌道，由此來看，遷都的目的是為了解決國內問題。不消多說，即是脫離南人政權。為此，遷都至中原傳統地區的西安最為理想。過去曾以開封為北京的朱元璋具有某種固定觀念，亦即統一王朝的首都應置於中原地區。

相對於此，正如朱元璋自己也說過的，北京（北平）是「中國之門戶」，也是發動對蒙古攻勢之據點。也就是說，遷都北京是解決國內問題、實現華夷統合之際的關鍵，對於以成為真天子為目標的永樂帝而言，也是非實現不可的至上命題。他並不是為了北京是自己的分封地、對南京地區反對自己感到厭煩等單純理由，才決定遷都北京的。

朱元璋與永樂帝的政策之間，並沒有太大的斷絕。朱元璋最初也曾燃起華夷統合的意圖，只是因各種理由而退卻，政治體制也安於南京首都體制。與其說這是朱元璋所期望的，更不如說是不得不接受、妥協之下的產物。永樂帝繼承了朱元璋的遺志、予以發展，確立了北京首都體制。在這個意義上，從洪武到永樂的推移可說是一脈相承，最終以北京成為天子之都而完成了明朝政治體制。

華夷一家

相對於朱元璋以「統一華夷」、「君主華夷」等詞語正當化朝貢一元體制，永樂帝則是樂於使用將華夷統合推向極致的「華夷一家」。即使只是一時、但也曾經壓制了蒙古的永樂帝，利用取代儒家終極理念天下一家的新造詞語華夷一家，將自己的支配正當化。

永樂帝也致力於將華夷一家觀念實體化，亦即透過冊封時賜予蕃王的冠服予以具現化。這裡所謂的冠服，指的是皇帝與宗室（皇族）在國家重要儀禮上所穿戴的冕服和皮弁冠服。冕服是在祭祀天地、宗廟等最重要儀禮上著用，皮弁冠服則是在接見朝貢使節或科舉進士及第者等時候所穿。這些冠服有差別等級，蕃王獲賜的是親王（皇帝之子）所用的冕服，或是郡王（皇帝之孫）所用的皮弁冠服。

親王用冕服（九章冕服）只賜予朝鮮國王及日本國王，其他國的國王授與郡王用的皮弁冠服。由此可見，在多數冊封國

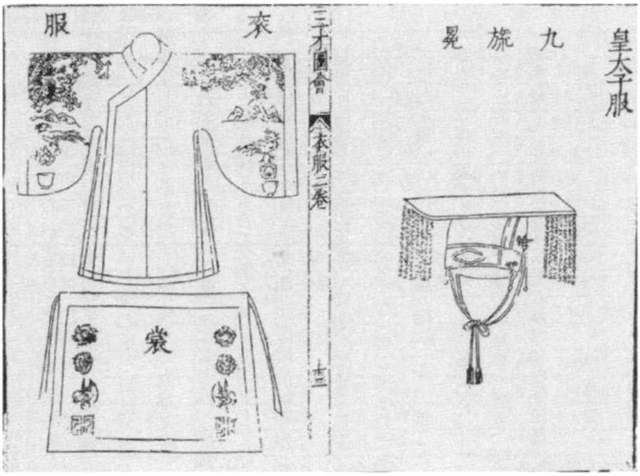

圖16　皇太子袞冕圖（出自《三才圖會・衣服二卷》）

中，明朝特別對此二國另眼相待。還有，授與冊封國的印章，也只有這兩國獲授親王等級之金印，其他國家則是郡王等級的鍍金銀印（鍍金的銀印）。自古稱為蕃望的蕃國等級排序，在明朝以冠服、印章顯示出來。

重要的是，永樂帝賦予下賜冠服的特別意義。賜予蕃王親王用或郡王用的冕服、皮弁冠服，意味著皇帝與蕃王間的關係被規定為父與子、祖與孫。也就是說，在皇帝與蕃王之間創造出擬制的家族關係，令華夷一家狀況在全天下範圍中具現化、可視化。這是將以君臣關係成立的朝貢一元體制，重新解讀為家族秩序。永樂帝想必滿足於講究此一旨趣的禮制展演。他在繼承自父親的朝貢一元體制上，賦予新一層思想根據，予以補強。透過實現華夷一家，他能正當化自己的即位，亦令元明革命名實相符。

永樂帝在朱元璋所建構的明初體制上施加了獨自的巧思，將其從國內規模擴大為國際規模。也是他，最終確立了原本尚未完成的國內、國際政治體制。朱元璋楬櫫的課題，由他暫時解決，明初體制獲得整備，更添多一層縝密性。從這點來看，與其說永樂帝是明朝第二個創業者，更不如說他是明初體制的完成者。這是筆者對他的真心評價。

第二章

動搖的中華

一、明初體制的鬆弛

還都南京

透過遷都北京達到完備的明初體制，不久即出現了反作用力。永樂二十二年（一四二四年）七月第五次蒙古親征的回程路上，永樂帝病逝於榆木川（內蒙古自治區多倫縣西北方）。消息一在北京城公開後，反對遷都論者至今受到壓抑的不滿便一口氣爆發開來。南人官僚之中，或基於首都遷離江南的反彈，或為南方的利害關係代言，因而陸續出現了還都南京的主張。

值得注意的是，這些主張者背後有著新皇帝仁宗洪熙帝（一四二四—一四二五年在位）的存在。原本他在永樂帝巡行北京期間，即以監國的身分留在南京，故而對於在南京的生活較為習慣、親近。再者，不同於父親，他自身對華夷統合並無意圖，而計畫著修正永樂政治對外征伐的軌道。其命大名鼎鼎的鄭和回到陸地、擔任一介南京守備太監一事，即顯示出端倪。

洪熙元年（一四二五年）三月，洪熙帝派遣皇太子朱瞻基為先遣部隊前往南京，正式表明了還都南京的主張。南京將於皇帝不在的狀態下成為首都，既有的北京官廳再度在名稱中冠上「行在」二字。更甚者，與遷都前一樣，設置北京行部與北京行後軍都督府，執行副都北京的政務及軍務。次月起，開始修築首都南京的皇城，並向南京方面傳達皇帝將於來年春天回歸的消息。

然而，就在上述還都準備進行得如火如荼的洪熙元年五月，卻發生洪熙皇帝猝逝的意外事件。當時，他才不過即位十個月。皇太子被從南京匆忙請回，結束父皇葬禮事宜後，便祭祀天地、即皇帝位，亦即明朝第五代皇帝宣宗宣德帝（一四二五—一四三五年在位）。

宣德帝自幼即受祖父永樂帝寵愛，連永樂帝親征蒙古時都帶其同行。這樣的他，毫無還都南京的意願。是故，即便洪熙帝遺詔諄諄記載著還都南京的指示，宣德帝卻予以無視，並在宣德三年（一四二八年）廢止了象徵副都的行部、行後軍都督府。此事暗示了中止還都，不過，此際的北京依然只是行都，表面上南京仍是首都。一直要到十多年後，正統六年（一四四一年）

重建遭燒毀的北京三大殿時，北京才再次正式成為首都，南京則改為副都。

仁宣之治

一般將仁宗洪熙帝與宣宗宣德帝的治世，合稱為「仁宣之治」。這是由於，兩位皇帝都專心於內政，帶來了整個明代最為安定的時代，因而受到稱頌。當時內閣中有名臣「三楊」——楊士奇、楊榮、楊溥，接連實施種種政治改革。其中一項是改革科舉的「南北卷」，亦即各地區分別採用進士，訂定南人合格者人數上限，而確保北人官僚數量。此案由江西出身的南人官僚楊士奇所發想，更可看出當時政界的健全程度。

相對於洪熙朝以修正永樂朝的軌道為目標，宣德朝則繼承了永樂朝積極推動華夷統合的一面，試圖令其在「軟著陸」下實現。宣德皇帝再次拔擢了父親洪熙帝時代獲命上陸的鄭和，於宣德五年（一四三〇年）進行了第七次南海遠征。當時的鄭和已經六十歲，這是他最後一次航海了。不過，這次遠航在最大限度地擴大海禁＝朝貢系統下由國家主導海上活動之同時，實行了名譽撤退。早在宣德三年，明朝便放棄了永樂帝予以內地化的越南，也是同一旨趣。自此以降，明朝完全成為內向的國家。

唯恐「靖難」再次發生的永樂帝，透過將原封於廣寧（遼寧省）的遼王、封於大寧（內蒙古）的寧王轉封至內地，而移動長城外的衛所、鞏固首都防衛。這件事在另一個面向上，也連結到防衛線的後退。正如永樂帝斷然實行蒙古親征是為了補全防線的後退一般，由於北京是「中國的門戶」，故而常處危險之中。曾經隨同永樂帝親征蒙古的宣德帝，亦三度到長城防線「巡邊」，反覆實行軍事威嚇，這正是由於充分理解到蒙古威脅的緣故。

宣德帝很明顯地意識到永樂帝的存在。他們兩人共有著期許華夷統合的精神，差別在於包圍著他們的環境。永樂帝即便到晚年都受到財政上的逼迫，統治後半的三度親征甚至是將提出反對的戶部尚書（財政大臣）夏原吉投獄而決意進行。宣德帝則是只實行一次南海遠征即告停，不親征蒙古而止步於長城巡邊，亦與財政問題有關。他雖無守成之君的名號，卻有守成之實。

從實物經濟步向白銀經濟

過了洪武、永樂創業期而進入宣德以降的十五世紀中葉後，社會構造也出現變化的徵兆。對此變化造成巨大影響的，是遷都北京。為了養活北京龐大人口、北方軍隊，除了透過大運河將江南的米輸送至北方，商人們亦運送大量南方物資（南貨），打造出南北物流體制。大運河沿岸一帶逐漸都市化，至今一直保持低調的商業化動向也逐漸活躍起來。

伴隨著商業化的擴大，民間開始違反禁令流行起使用銀。如此一來，國家也無法逆轉這股趨勢，加上試圖削減徵稅時的輸送成本，便打算從向來的徵收實物（本色）轉換為徵收白銀（折色）。宣德八年（一四三三年）江南官田一部分開始徵收白銀，接著正統元年（一四三六年）北京武官們請求以白銀支付俸給，一口氣加速了稅糧納銀化。在華中、華南，一部分稅糧以米四石＝銀一兩的比例徵收，也就是所謂的金花銀。

在此同時，社會上早就跳脫元末的實物經濟，移向白銀經濟。在背後予以支持的，自然是國家的財政政策。與開國之初相比，徵稅、勞役在項目數或絕對數量上都明顯增加。雖然比稅糧稍晚，傜役中的里甲正役（上供、公費）也開始納銀化，一般稱此為里甲銀，依地區不同又稱綱銀（福建）或均平銀（廣東、浙江）。

另外，向有力家戶課徵不規則、不定量的雜役，亦以正統年間在江西的改革為範本，於弘治元年（一四八八年）以均衡負擔為目的而向全國實施均傜法。傜役應視各戶負擔能力＝戶則而定期課徵，最後部分傜役也開始納銀化，十六世紀初甚至出現銀差（納銀化的雜役）與力差（實際勞動服雜役）的區別。如此繁雜的徵稅事務，成為後來孕育出簡便的一條鞭法稅制之契機。

圖 17　明代的銀錠與銅錢

無論如何，在這裡可以斷言的，即是開國之初的稅役徵收系統在白銀經濟發展下被迫做出改變。換言之，國家已經無法如開國初期一般實施統制，而是緊跟在社會變化之後，不得已構築出適合於此的新統治框架。十五世紀中葉以降，這樣的狀況逐漸顯著化。在往白銀經濟移行的過程中，明初體制確實開始鬆動了。

鈔法的失敗

同樣的狀況也出現在通貨制度上。如前所述，明代在經濟面向上，以南北同等支配為目標而發行了不換紙幣的大明寶鈔。其有一百文至五百文五種、一貫（一千文）等總計六種額度，在此以下的金額則使用銅錢。寶鈔的比價為鈔一貫＝銅錢一千文＝銀一兩＝米一石，但因其為不換紙幣，不久價值便下跌，永樂五年（一四〇七年）與米的比價降為三十分之一，對銀的比價降至八十分之一。

由於紙幣是兌換紙幣，若是不時常回收便無法保持價值。大明寶鈔自然也實行了回收政策。寶鈔發行時，規定商稅以鈔七錢三的比例徵收，永樂年間實施戶口食鹽法強制配給食鹽給民眾，代價即是要求民眾繳納寶鈔。但是，由於活躍的對外政策、北京遷都等需要龐大費用，恐怕寶鈔的發行量遠大於回收額。

當時認為「鈔法不通」的原因，在於民間偏重白銀以及寶鈔過剩。關於前者，自洪武八年（一三七五年）至宣德三年（一四二八年）的五十多年間七次頒布禁止使用金銀的禁令，積極地試圖將白銀從民間收回國庫。相對於此，後者則是直到宣德年間定都北京、完成南北統一，才正式開始實行回收寶鈔政策。

具體而言，宣德三年停止製造大明寶鈔，透過商稅實行同時回收寶鈔。全國重要的三十三個都市之門攤稅（商店的一種營業稅）提升至洪熙時代的五倍，並向倉庫業者、搬運業者課徵寶鈔。另外，在橫亙北京與南京之間的大運河要衝上設置鈔關，採取向通行船隻徵收寶鈔的做法。這是應對商品生產與流通經濟恢復基調的措施。然而，實際情況卻與政府的意圖相反，招致商業沉滯、物流遲滯等現象。從結果上而言，寶鈔回收政策是失敗的。

說起失敗的根本要因，其一，正因為寶鈔是不換紙幣，故而沒有信用。其二，民間的銀流通以江南為中心擴大，無視禁令而開始席捲經濟界，以致最後在宣德三年兩度發布禁止使用金銀的禁令。倒不如說，明朝轉換以銀為首的財政政策，結果早已可以預見。其在政治上雖然實現南北統一，特別在經濟面向上，卻沒有辦法充分統制江南社會。

戶籍制度的變化

顯示明初體制鬆動的徵兆，除了上述幾項，還有其他。原本開國之初所定下的戶籍制度，不單只是表現職業的區分，更是為了提高掌握人民與稅收徵收效率，而以各個職業選擇編成種種社會身分。各個身分之間的移動是被禁止的，對各戶則課徵徵收實物及實際體力勞動。

對應於鄉村的里甲制度，都市的住民被編入坊廂制。尤其是手工業者（匠戶）被登陸於匠冊，在首都乃至地方都市的官營工場從事無償勞動（匠役）。官營工場包括兵部、工部、內府等所管轄之兵仗局、織染局、銀作局等多數地方，以匠冊為根據而派遣手工業者到各類工場。製品的原料以租稅為來源，製品則供作以皇帝為首的貴族、官僚等的特權階層或給朝貢國之賞賜。

匠戶從一開始便苦於徭役的過重負擔，加上官僚或胥吏（官府的吏員）、衙役（官府的雜役夫）的中間榨取，就役者的罷業或逃亡，早在宣德年間就開始顯著化。為此，十五世紀後半開始，政府以納銀免除勞役（班匠銀），再以此向民間購買絹織物或陶磁器等製品，以補不足部分。和民戶稅收徵收系統一樣，匠戶的匠役也在納銀化風潮下不得不做出變更。

這類變化在軍戶也是同樣的情形。本來為了服軍役，軍戶每戶出一名軍人，一百一十二名軍人組成一個百戶所，十個百戶所組成千戶所，五千個戶所再組成一個衛所（五千六百人），此即衛所制度。以衛所最高層指揮使為首、下轄千戶所的千戶或百戶所的百戶等衛所官，指揮衛所軍。為統轄衛所，各省設置都指揮使司、中央設置五軍都督府。洪武年間，全國有三百二十九個衛所、守禦千戶所六十五個，軍人人數在永樂年間最多，有兩百七十多萬人。

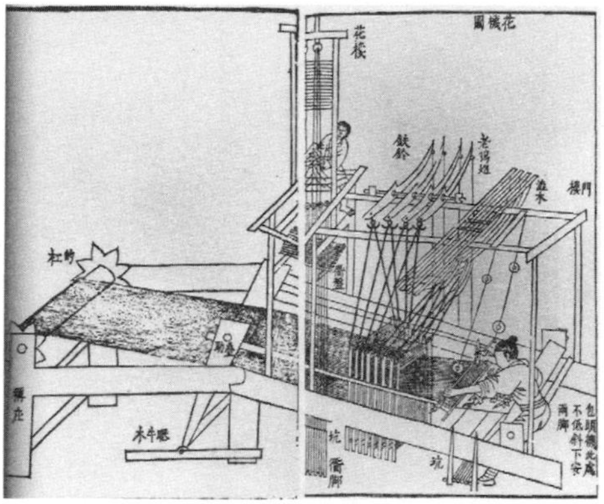

圖 18　高級絹織品織機「花機」之圖
（取自《天工開物》卷上）

在衛所實行自給自足的屯田（軍屯），洪武、永樂年間全國的軍屯規模約八、九十萬頃（一頃約五．八公頃），供應軍人糧食綽綽有餘。然而，到了宣德、正統年間，衛所官們將軍屯劃為私有地、使喚軍人而壓迫其生活，軍人逃亡現象也開始顯著化。正統年間（一四三六—一四四九年）逃亡軍人人數已達一百二十多萬，到了十五世紀末弘治年間（一四八八—一五〇五年）據說更有開國初期軍隊人數的十分之六、七步上逃亡。

軍人逃亡顯著化的正統年間，明朝開始實行募兵制，以補衛所制度之不足。但是，募兵是一種傭兵，國家必須支付其口糧或生活費，不知耗費了多少銀兩在軍事費用上。而且，分配給衛所的銀兩也會被衛所官剋扣，軍人們困窮至極下又再迫使更多人逃亡。到最後，軍戶的改變也與銀流通有關。

移行至白銀經濟過程中的十五世紀中葉至後半，明初體制在諸多面向上受到社會的挑戰。過去依靠國家統制的社會隨著白銀經濟進展而出現獨自動向，突破了堅固的明初體制。國家主導的政治體制與社會主導的白銀經濟正面對峙。在這樣國家與社會的相剋中，如何應對明初體制的動搖，正是明朝的課題之一。

二、朝貢一元體制的崩壞

「私出外境」與「違禁下海」

談到這裡，再次試著轉而注意周邊地區吧。

明代的朝貢一元體制是以長城和海禁姑且分開華與夷，再透過朝貢制度試圖重新統合華夷的巧妙方策。此一體制的成立，是將國際交流限定於國家之間的朝貢制度，並徹底禁止民間的華夷交流，也就是國際貿易。原本明朝就禁止民間人士自由出國，違反者以《明律》兵律．關津的「私越冒渡關津」以及「私出外境及違禁下海」兩條法令處置。

前述兩條法令，前者是關於不攜帶文引（通行證）或祕密出國的全盤性罰則規定，後者則是對應明初實況而針對南北兩地特殊化的條文。如字面所述，「私出外境及違禁下海」這段法條分為兩部分，「私出外境」（私自前往外境）指的是長城的越境者，「違禁下海」（違反禁令出海）指的是出航至海外諸國進行商貿者。未經正規手續而無許可前往外地、攜帶違禁貨物（牛馬、武器、鐵器、絹織物等）出國都是受到禁止之事，違例者均以情節輕重處以杖罪到死罪（絞刑、斬刑）等量刑。

由於在《明律》最早開始編纂的洪武元年當時，民間的海外貿易是受到公開認可的，在混亂的沿海地帶辨別是否為正規出海者便相當重要。朱元璋最初似乎毫無禁止出海貿易的打算。然而，因為受不了海上過於混亂而實施了海禁的關係，事態便一口氣發生變化。以海防為目的開始的海禁，最終也捲入海商，發展成禁止全民出海之措施。

以洪武七年廢止市舶司為契機，民間海外貿易受到全面禁止。自此以降，出海者一律以海禁違反者成為處罰對象。不過，海禁跟原本取締走私貿易的「違禁下海」屬於不同範疇，只憑此一條文很難充分對應所有情況。實際上，海禁令對濱海地區居民發布了榜文，以條例處理對違反者之量刑。由於《明律》本文是祖法、不能變更，論處時會根據狀況制訂適合的條例。

明史基礎史料《明實錄》中海禁相關條例的變遷，有著很有意思的推移過程。洪武時代嚴格施行海禁、整備海防體制，故而只禁止了出海以及與海外諸國的貿易。但是到了永樂時代，走私貿易者的掠奪活動亦成為取締對象。時至宣德、正統時代，他們引誘「外夷」而在沿海地區作亂，被視為問題，亦反映出海禁漸次廢弛的實態。十五世紀中葉，明初體制開始動搖，沿海地區也絕不會成為例外。

遷都後的北邊

另一方面，「私出外境」對象地區的北邊，又是什麼狀況？

原本在非農耕地帶活動的游牧民在經濟生活上依靠交易，若沒有中國物資安定供給，便無法維持生計。若是物資中斷，他們便會侵入中國地區掠奪，乃是稀鬆平常之事。因此，中華王朝為了懷柔北方民族，在邊境設置互市場（交易場所），透過供給其必要物資而避免侵略。互市的用語最早可追溯至東漢時期與烏丸・鮮卑的交易，開設互市而對北方民族進行某種懷柔政策，與宋代在和契丹、女真的國境所設置之榷場道理相通。

然而，採用朝貢一元體制的明朝與歷代王朝不同，除了順服的女真、兀良哈三衛（被視為元朝東方三王家的後裔）以外，禁止一切互市。本來朝貢一元體制是適用於海外諸國的概念，對於處於戰爭狀態的蒙古可說是無緣的。一直到永樂年間蒙古、瓦剌的王接受明朝冊封，明與北方民族之間才成立了朝貢關係。宣德年間（一四二六—一四三五年）順寧王脫懽統一了瓦剌與蒙古以後，便專門和瓦剌持續朝貢貿易。

正統年間的瓦剌朝貢是在每年十月左右，越過長城到大同（山西省），只有部分使節上京至北京，過了年再回到大同，一月左右回國。在此期間，上京的使節獻上貢品、收到許多回禮賞賜，也被允許在大同或北京進行貿易。為了這點，瓦剌派遣了許多使節。並且，隨著朝貢使節人數增加，下賜品的數量也會成比例地增多，所以他們盡可能地增加朝貢人數。最終，瓦剌與試圖抑制下賜金品的明朝之間產生了摩擦。

土木之變

由於脫懽不是黃金氏族而無法成為汗，他便自稱太師，推舉了黃金氏族的脫脫不花上位。脫懽之子也先亦以脫脫不花為王而自己掌握實權，建立起瓦剌帝國，幾乎將整個北亞都納入支配之下。對於明朝，脫懽也同樣反覆進行朝貢，但為了維持急速擴大的勢力，必須從明朝獲得更多金品。正統十三年（一四四八年），也先派遣遠遠超過定額限制的三千人使節團，但因這個人數比實際人數虛報了不少，明朝採取了大幅削減下賜品額度之對抗措施。

也先對此相當不能接受。他透過將從明朝獲得的金品分配給部下來維持向心力，恩賞減額將動搖自己的支配體制。故而，剩下的選項只有訴諸武力來使明朝屈服。正統十四年（一四四九年）七月，也先從陝西、山西、遼東三方面侵略明朝。

迎擊的明英宗正統帝（一四三五—一四四九年在位）相當平庸，對宦官王振言聽計從。擔任宦官最高層級司禮監掌印太監的王振，在功名心理驅使下勸英宗親征，並壓下朝廷內部反對聲浪，與英宗一同率領五十萬大軍出擊。途中，王振察覺也先軍隊的強悍而感到畏懼，急忙命令全軍回朝北京。然而為時已晚，明軍在北京北方一百公里的土木堡遭遇也先的軍隊急襲而大敗，留下王振被手下部將殺死、英宗亦被俘虜的大大失態。此即歷史上有名的「土木之變」。

也先對明朝的領土沒有野心，只想把英宗當作一個好機會，而以有利條件完成議和。為此，明朝改立英宗之弟景泰帝（一四四九—一四五七年在位），兵部尚書于謙等人一同團結、死守北京，也先無奈之下遂在景泰元年（一四五〇年）八月無條件送還英宗。英宗被送回後幽禁於南宮，後趁景泰帝病重而發起政變（奪門之變），以天順帝（一四五七—一四六四年在位）之名復辟。景泰帝死後皇位被剝奪，解救國難的于謙亦以謀反嫌疑被處死。

另一方面，瓦剌內部也發生糾紛。也先滅亡脫脫不花後，於名於實都稱霸北亞，一四五三年（景泰四年）以非黃金氏族的身分自稱大元天聖大可汗。這個時期，可說是也先的最高峰。隔年，他便死於部下叛亂，瓦剌帝國從而輕易瓦解。也先自稱大汗後不滿一年就去世，他死後，長城以北迎來了混亂時代。

從朝貢貿易到走私貿易

北方混亂增加之際，明朝和海外諸國間的關係也出現變化。原本在明初成立的海禁＝朝貢系統，是以大陸為重心的明朝為了海洋統制而創設的，可說是政治優先於經濟的國家系統。鄭和前後七次的南海遠征，也帶有將此前商船往來印度洋、阿拉伯海等「經濟之海」轉為朝貢制度下「政治之海」的意味。

但是，這樣的狀況最多也只維持到宣德年間，正統以降朝貢國數量、來貢規模都減少，以明朝為中心而維持的國際秩序亦逐漸失去約束力。明朝對海外諸國的積極措施也隨宣德年間的鄭和遠征告終，反倒不如說是對海外諸國來貢踩下煞車的舉動。

整體而言，明朝的海洋政策之所以轉趨消極，係因北方邊防費用提升而沒有顧及海洋的餘裕，朝貢使節規模擴大亦使朝貢制度營運費用大為膨脹。使節的停留費用完全由宗主國明朝負擔，明朝還為了維持天朝體面而給予許多賞賜，形成巨大負擔。因此，明朝將向來的「厚往薄來」（中國給出的賞賜豐厚，朝貢國的貢品微薄）（《中庸》）方針轉換為節省經費，試圖降低己方支出。明朝嚴格命令來貢頻率高的朝貢國遵守貢期，像是日本在景泰四年（一四五三年）第十一次來貢時有船數九艘、人員一千兩百人，其後便被限制為十年一貢、船數三艘、人員三百人。

十五世紀後半的成化（一四六五—一四八七年）、弘治（一四八八—一五〇五年）年間，明朝對外政策轉為更加內向，除了對琉球、占城派遣冊封使節外，幾乎不再派遣使節出海。財政越來越困難的明朝，到了弘治年間甚至向朝貢船收取五成關稅（實物抽分），放棄了開國以來的免稅措施。對於越來越少的朝貢國，明朝完全捨棄了宗主國的體面而課徵關稅。

減少使節往來的過程中，唯獨違反海禁者年年增加。到了十五世紀後半，除了沿海居民、軍人之外，一般所稱的「豪門」、「巨室」者也在浙江、福建沿海地區參與走私貿易。他們都是後來獲稱「鄉紳」的地方有力人士階層，由於其威勢，地方官員也無法出手管束。加以沿海衛所軍人綱紀廢弛、逃亡者接連出現，軍船損壞老朽而無法使用，海禁漏洞百出，走私貿易盛行也不令人意外。朝貢貿易衰退下不足的海外物資，在另一方面便由這樣的走私貿易持續提供。

邊禁與邊鎮

與此同時，在北邊所發生和走私貿易同樣顯著的問題，就是衛所官軍的長城越境。總兵官、參將等守備諸將或衛所官，在長城外讓士兵從事開墾、放牧，致力於中飽私囊而將北邊防衛擱置不管。將官們的剋扣是家常便飯，分給軍人們的糧食、薪資並不充足，於是導致了逃亡軍人增加及北邊防衛陷入頹勢等問題。

祕密結社的白蓮教徒們以建設理想鄉為目標，也是從這個時期起開始為蒙古出謀畫策。景泰年間開始，北邊的白蓮教徒活動已相當蓬勃，弘治年間白蓮教徒更嘗試接觸蒙古而引起被當局揭發之事件。他們覺悟到在國內不可能實現理想鄉，於是求諸於未開發的蒙古地區，並非不可思議。歸根究柢，十六世紀他們屢次越境，到長城外建立定居社會的契機，正是在此時形成。

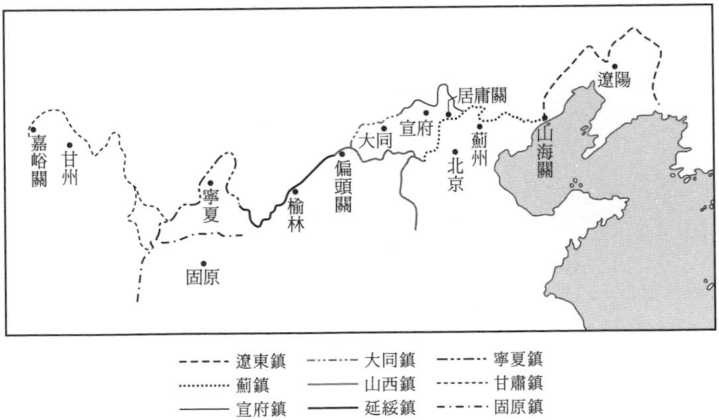

圖 19　九邊鎮

也是在成化年間，「邊禁」此一用語初次在《明實錄》登場。不消多說，這個用語不只針對越境的走私貿易者、白蓮教徒，守備官員、軍人亦是指涉對象。若是在長城外開拓耕地，不僅容易誘發蒙古入侵，軍人們也會忙於耕作而疏於北邊防衛。強化取締「私出外境」的邊境政策，成為國家的重要課題。

與邊禁不同，明朝正式開始長城建設，亦是始於成化年間。由於黃河彎曲部分的鄂爾多斯（河套地區）被蒙古占領，明朝在這個地方建立起全長約一千公里的長城，爾後向東西兩側延伸、修築之下，建造出今天所說的「萬里長城」。還在長城沿邊設置了從遼東（遼陽）到甘肅（甘州）的九個軍區「九邊鎮」，各鎮設置地方長官巡撫或武官鎮守總兵官，以及負責監視的鎮守太監等職位。他們統率數千、數萬的大量士兵，講求專守防衛政策。這個時候，距離開國初期經過約一個世紀。邊鎮此一用語的出現和前述邊禁一樣，反映出明朝北邊騷擾的狀況。

三、明代史的轉換點

內閣與宦官

洪武年間成立絕對帝制後，為了讓皇帝獨自行使裁決權，設立了負責處理文書的祕書官殿閣大學士。其原來只是就近侍奉皇帝的正五品小官，但永樂皇帝改革殿閣大學士制度，創設了單以祕書官參與討論機密的諮詢機關內閣。到後來，支持「仁宣之治」的三楊兼任六部尚書（正二品）而參與內閣，大學士的地位也跟著上升。爾後內閣首輔（主席）大學士握有絕大權力，成為實質上無異於宰相之存在。

大學士的主要職務是製作皇帝裁決的原案（所謂的票擬），皇帝再據此做出裁定、給予指示（批答）。存在於上述兩者之間的，是內廷（皇帝私生活場所）住民的宦官。相對於朱元璋徹底抑制宦官的政治活動，永樂皇帝一口氣擴大了宦官的活動範圍，包括出使、監軍、警察、特務等多方面。其中，立

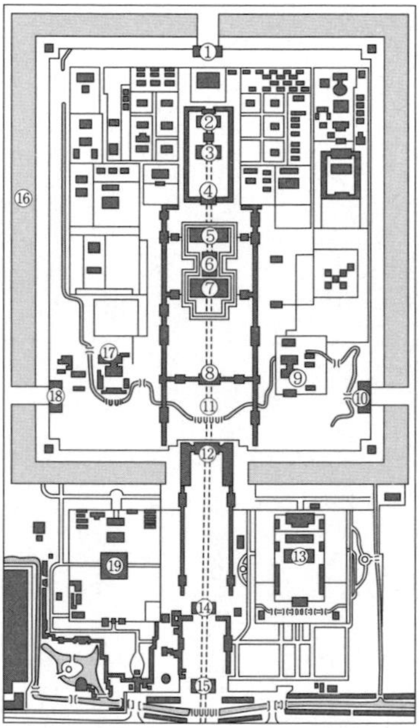

①玄武門 ②坤寧宮 ③乾清宮 ④乾清門 ⑤謹身殿
⑥華蓋殿 ⑦奉天殿 ⑧奉天門 ⑨文華殿 ⑩東華門
⑪內金水橋 ⑫午門 ⑬太廟 ⑭瑞門 ⑮承天門
⑯筒子河 ⑰武英殿 ⑱西華門 ⑲社稷壇

⑤⑥⑦⑧為嘉靖四十一年（1562年）以前的名稱。
④以內為內廷。

圖 20　紫禁城的內廷與外廷

於宦官二十四衙門（十二監、四司、八局）之頂的司禮監，一方面兼掌特務機關東廠而負責監視官僚，另一方面也利用前述票擬、批答的管理與傳達任務來介入政治。

雖然從正統年間王振的行為已可看出司禮監太監之專權，但其決定性證據仍在十五世紀後半的成化年間。憲宗成化皇帝（一四六四—一四八七年在位）由於患有口吃而厭惡接觸大臣，遂停止與大學士的內朝，代以派司禮監太監出席閣議。不過這個情況不久後也中斷，皇帝和內閣之間幾乎斷絕聯繫，政務完全在內廷中決定。如此一來，大學士也只能仰賴司禮監太監鼻息而從事政治。表面上的內閣徒具其名，影子內閣司禮監的意向大大左右了政治。

內閣與司禮監都是為了皇帝而存在的絕對帝制產物。原本內閣是別於官僚系統的皇帝私人諮詢機關，後來被比為宰相的首輔大學士，跟明初統領官僚機構的宰相（中書省左丞相）完全是不同性質。所謂的內閣，是皇帝排除一切的官僚掣肘，為行使獨裁權而創設之機構。

另一方面，司禮監在內廷侍奉皇帝個人，從原始本質上就是私下的存在。明初專制主義的高漲，在內廷與外廷之間建立起無法跨越的高牆，往來於兩者之間的唯一存在即為宦官。對皇帝而言，為了疏通與官僚間的溝通、也為了監視官僚，宦官是不可或缺的存在。誕生於明初的絕對帝制，將皇帝私人機關的內閣和司禮監披上公開外殼，創造出外廷與內廷。兩者獨自成長下，到了成化年間，開始令官界權力構造出現地殼變動。

明朝中期的民眾反亂

前面提到的地殼變動，也出現在社會各個方面。開國之初的實物經濟轉變為白銀經濟，社會流動性也急遽升高。過去嚴格的戶籍制度轉而鬆動，越來越多人未被收編進戶籍體系。特別是農民之間的貧富差距令里甲制度難以維繫，捨棄戶籍而流落他鄉的破產農民層出不窮。

這些流落他鄉者的去處大致有三個方向。其一，由於當時商品經濟的影響，膨脹中的都市比起農村能容納更多人口。他們於是投入種種服務業，或淪為無賴，抑或成為資產家的奴僕。其二，官廳支配不及的山林地帶。其中，許多流民湧向行政空白的省境地區「不干地」，形成後來反亂發生的溫床。其三，逃到國外。沿海居民違反海禁逃出國外，北邊居民則打破邊禁越過長城。他們的存在，是十六世紀南北邊境騷亂的原因之一。

早在十五世紀中葉的中國東南地區，即興起銀山礦夫與流民為主體的「葉宗留之亂」（一四四六年）、佃戶（小佃農）反亂的「鄧茂七之亂」（一四四八年），繼元末以來又再出現大規模民眾反亂。上述兩次民眾反亂的起因，

圖 21　流民圖

一方面是亡命之徒（流亡的無產者），另一方面則是民戶階層間的對立，兩方都是起自戶籍制度的動搖。原本明初的戶籍制度即以實物經濟為前提而固定下來，在實物經濟向白銀經濟轉換的過程中，無法應對的小農民便無奈淪為破產農民或流民。

許多流民逃往禁入山區，開墾耕地而開始定居，是治安上不能無視的問題。其中，河南、湖北、陝西三省交界地帶的荊襄山區，早在十五世紀中葉便達到流民人數一百五十萬人的幾近飽和狀態。由於擔憂事態的明朝強化取締的關係，他們於天順八年（一四六四年）蜂起，勢力瞬間達到數十萬人。這就是「荊襄流民之亂」的爆發。

明朝採取招撫與鎮壓的軟硬兼施策略，成化七年（一四七一年）軍務總督項忠徹底殺光流民、將數十萬人送回原籍，為反亂畫上休止符。在此期間死者人數達數十萬，人們於是將項忠為誇耀戰績所設立的「平荊襄碑」稱為「墮淚碑」，藉此嘲笑項忠。結果，明朝撤回原籍主義而轉為附籍主義，將流民編成里甲、設置了新的鄖陽府。但是，當地的混亂其後仍不斷復發。即使以武力應對社會的地殼變動，也是無能為力的。

弘治中興

繼承成化帝的孝宗弘治帝（一四八七—一五〇五年在位），母親是廣西省出身的瑤族。由於他的統治時代相較安定，後世史家稱弘治帝為「中興之祖」。他親自進行法制整備，編纂像是猶如《明律》輔助法典的〈問刑條例〉，以及可說是明代國家制度總攬的《大明會典》。

《明律》在洪武三十年最終確定後，在朱元璋「一字不可改易」（《皇明祖訓・序》）的方針下，必要時根據需求制訂條例而補法律之不足。然而，時日一久條例數隨之增加，不免出現已經不符合時勢或相互矛盾的情形。量刑基準也變得曖昧不清，刑法的基礎開始動搖。

弘治帝命刑部、都察院、大理寺三法司從現行條例中挑選有用的條文，再將挑出來的兩百七十九條法律集結成《問刑條例》，弘治十三年（一五〇〇年）二月決定與《明律》並用。一般稱此為「弘治問刑條例」。自此以降，直至明朝滅亡為止的約一百五十年間，〈問刑條例〉在嘉靖二十九年（一五五〇年）、嘉靖三十四年、萬曆十三年（一五八五年）三次重修、增補，與《明律》共同成為裁判規範而通行。

相對於刑法法典《明律》，行政法典《明令》不同於歷代法令，律法要素強烈，編纂後不久便被《明律》吸收，《明令》本身形同具文。取而代之的，是將《大明官制》、《諸司職掌》等政書或皇帝所下詔令當作前例來使用。不過，要在行政上實行前例主義，必須掌握制度或全體前例，於是需要求諸於涵蓋一切的「會要典章」、亦即略稱「會典」形式的國制總攬。

耗費約五年歲月後，弘治十五年（一五〇二年）十二月完成《大明會典》，卻直到正德六年（一五一一年）四月才刊行。由此，一般稱之為「正德大明會典」，但是其實稱其「弘治大明會典」較為符合實情。其後，嘉靖年間曾經嘗試重修未果，明代的會典只有這部「正德會典」與萬曆十五年（一五八七年）重修的「萬曆會典」兩種。

弘治年間編纂「問刑條例」及「會典」，此舉明確地顯示這個時代是一個轉換期。一直以來，一直採取對症下藥療法來應對明初體制動搖的國家，在弘治時代一度停下腳步、總結狀況。此舉的成果即是前述的兩書，明朝後半期的政治以此為起點而展開。弘治帝為人所知的，是晚年恢復內朝而和大學士面對面議論政治。加上前述兩書的編纂，可以說這個時代政界尚未完全失去健全性。

社會風潮的變化

即便如此，成化、弘治年間也是明初體制確實地步向崩壞之際。在背後推進此事發生的是社會經濟的發展，以實物經濟為前提的開國初期儉樸生活完全被改變了。商品生產和銀流通的擴大，促使都市居民的購買欲增強、消費活動活躍，使得停滯的明初經濟到了十五世紀後半景氣好轉。在這個時期，從首都北京到蘇州等江南各個城市都恢復了舊時繁榮。

隨著經濟的活化，民間的奢侈風潮亦順理成章地逐漸蔓延開來，而必然影響到明初體制骨幹的固定身分秩序。成化年間的北京，如同「近來京城內外，風俗尚侈，不拘貴賤，概用織金寶石服飾，僭越無度」（《明憲宗實錄・成化六年十二月庚午》）所述一般，開國之初嚴格的上下身分秩序，在服飾面上變得幾乎毫無意義。

服飾的紊亂在某種意義上反映出當時人們意識的實情。若看許多明末編纂的地方志「風俗」項目，不少都會強調社會風氣大為改變之事。朱元璋所定的他律型固定身分秩序——這也是理應存在的儒教秩序——步向崩壞，諸如下位者冒犯上位者、年輕人輕視年長者、奴僕反抗主人、佃戶忤逆地主等，令知識分子感嘆下位者不再謹守下位者的本分。依他們所見，此等變化的轉折點在於十五世紀末到十六世紀初，開國之初的良風美德到了成化、弘治年間幾乎不復存。

部分不同意見則認為，下位者之所以不守自己的本分，有一部分是因為上位者放棄自己的責任。明末知識分子在談到前述變化轉折點之際，亦提及上位者官僚的道德低落。生活在明朝最後時期的文人沈德符談到「國朝士風之敝，浸淫於正統，而靡潰於成化」（《萬曆野獲編・卷二十一・士人無賴》），絕不只是他個人的看法。

生活在時代轉折點中的人們，對於這樣的變化究竟有多少程度的正確認知，仍是存疑的。不過，無論他們對此有無認知，社會確實正在變化。社會變動試圖抵抗即便動搖卻依然存在的明初體制、以及傳統價值觀束縛等過程中，由於找不到新的價值觀，時代陷入閉塞狀態。可能是反映了此般鬱悶世態，這時出現了象徵這個時代的兩位個性鮮明人物。一位是明朝第十一代皇帝武宗正德皇帝，另一位則是明朝最偉大思想家王陽明（名守仁）。

名為正德的時代

據說武宗正德帝（一五〇五—一五二一年在位）在皇太子時代喜好學問、武藝優秀，被視為將來的希望。不過，他也有性好遊玩的一面，只有這點讓父親弘治皇帝有點擔心。果然不出所料，正德帝在十五歲一繼任皇帝後，便放棄一切政務，沉溺於放縱逸樂的生活。他的脫軌奇特言行甚至在清代催生出一本外傳《明武宗外紀》，可見如此脫軌而毫無道理的皇帝，在整個中國史上也是相當少見的。

正德帝難以忘懷皇太子時代到熱鬧市街上遊玩的喧囂光景，遂在宮中開設商店、喬裝成商人而滿心歡喜。或是在宮中聚集宦官、實行軍事訓練，甚至玩起戰爭遊戲。更有甚者，他任命自己為總督軍務、威武大將軍、總兵官，率領大軍親征蒙古。當然，橫掃殲滅蒙古軍只是做夢，正德帝只是喜歡以大將軍身分站在軍隊前方行軍的樂趣。而且，他在遠征過程中還會劫掠良家婦女從事淫樂，以至於沿路居民聽到皇帝軍隊來了都趕緊關閉門戶、逃到外面。

宦官劉瑾倚仗正德帝的權威而握有實權。他透過放鷹捕獵或陪同演戲而博取皇帝歡心，一路爬上司禮監掌印太監之位。在心腹吏部尚書焦芳擔任表面的內閣之下，表裡提攜而壟斷了政治。劉瑾還動用東廠、西廠特務機關來打壓反對派，將正義派官僚汙名化為奸黨、趕出政界，再任用自己黨派閹黨（宦官黨）的人獨占要職。在此期間，迷信藏傳佛教的正德帝在皇城西邊的西苑建立

圖 22　武宗正德帝

起名為豹房的不正經寺院，聚集僧侶、樂師，和美女嬉戲，完全不顧政務。

劉瑾專權之下賄賂政治盛行，官僚升遷全依賄賂而定。即便立下軍功，若沒有附上謝禮便會遭到處罰，也難怪軍隊綱紀變得廢弛保守。地方治安亦陷入混亂，在皇帝腳下發生的無賴劉六、劉七之亂，花了兩年才鎮壓下來。即便劉瑾在正德五年（一五一〇年）以謀反罪名被處死後，這股瀰漫於中央、地方的混亂也沒有停止，正德帝的素行依舊未改。

眼見如此事態，宗室之中陸續出現企圖謀反者。特別是正德十四年南昌（江西省）的寧王朱宸濠起兵之際，一直嚮往巡行江南的正德帝高興地親征，亂事卻在皇帝到達南京前便被南贛巡撫王守仁（王陽明）平定，隔年他又回到北京。回北京途中，正德帝不改愛玩心態，在淮安（江蘇省）搭船遊玩之際，想要捕魚卻不慎溺水，導致身體狀況變差，一年後便逝世，享年三十一歲。正德帝在遺詔中承認至今為止所有過錯，但是這份遺詔其實是廷臣在其去世後才立案起草，並非他的本意。

時代的寵兒

十六世紀之初的正德時代，正是明初體制動搖加劇、新社會胎動跡象日益顯著的時期。即便傳統價值觀仍然籠罩社會，但是社會各方面都出現意圖突破傳統束縛的動向。經濟情勢上漲及社會風潮變化形成一股順風，促使人們注意到自身境遇而開始提出自我主張。如此一來，既有秩序便很難再規範限制人們的活動。即便是傳統秩序，只要是不合理的狀況，下位者就不會默默接受。到處都出現這樣的秩序顛倒現象。

圖 23　王陽明

陽明學的興起，明確反映了此類動向。王陽明（一四七二——一五二九年）創始的陽明學，基本綱領為「心即理」。也就是說，自己的心正是道理的根據。這和主張向既存秩序、也就是向外在事物尋求道理（性即理）的朱子學正好相反。王陽明的名言是

「求之於心而非也，雖其言之出於孔子，不敢以為是也」（《傳習錄》卷中，〈答羅整庵少宰書〉）。汲取當時社會風氣、從下位者觀點重新理解儒教秩序的，除了陽明學再無其他（後面章節還會提及陽明學）。

正德帝雖因奇特言行受到注目，但絕非無能的皇帝。然而，他不被任何事物束縛的奔放性格，令其比誰都痛感絕對帝制下皇帝的不自由與孤獨。也正因如此，正德帝只能信任宦官或佞倖等側近之人，如同社會抵抗既有秩序一般，他亦抵抗著以自身為頂點的傳統秩序。在什麼都做不到的狀況下投身放蕩生活，拚命掙扎，可能比較接近實情吧。

在牢固存在的舊體制與新社會萌生的糾葛之中，正德帝在兩者軋轢之下人格出現問題，王陽明則以獨有思辨越過困境。在這個意義上，兩人都是時代寵兒，其存在象徵這個時代的光與影。他們如同一枚硬幣的兩面，缺了其中一方便無法理解這個時代。將他們比作理解激動的十六世紀入門一般的人物，一點也不為過。

第四章

北虜南倭的世紀

一、嘉靖新政的幻想

漫長的明末

日本中國史學界戰後一直抱持高度關心的，即是八至十一世紀的唐宋變革期，以及十六至十七世紀的明末清初時期。在戰後歷史學界唯物史觀盛行下，根據「世界史的基本法則」，對明末清初出現各式各樣的主張，例如視之為中世封建制度崩壞期（或是近代資本主義萌芽期），或是封建制度重新整編期抑或確立期等。唯物史觀退潮後，上述討論也隨之消失。不過，明末清初變動期所受到的矚目，至今依然不變。

其中，日本中國史研究者所主張的明末時代跨距，比明末字面給人的印象還要長許多。從開始明確意識到社會變化的嘉靖（一五二二—一五六六年）年間，歷經萬曆年間（一五七三—一六二〇年），一直到明朝最後時期的天啟（一六二一—一六二七年）、崇禎（一六二八—一六四四年）年間，足足橫跨一世紀的時期都被含糊地統稱為明末。

明末之所以漫長的理由別無其他。度過十五世紀末至十六世紀初明代史的轉換點，以決定明初體制破滅的嘉靖年間為分界，被視為明末特徵的各類矛盾逐漸明顯化。到後來，這些矛盾在國家與社會相剋下逐漸尖銳化，最終社會方面興起民眾反亂而顛覆國家。這就是嘉靖以降長時間被同質波長聯繫起來的時代，被視為「漫長的明末」之原因。

農村與都市的關聯構造

關於這個時代社會經濟面的特徵，首先必須提及的，即是與明初截然不同的商業化和都市化進展。興起於各地的商工業城市中，前所未見的商品經濟大幅開展，生產出大量商品廣為輸出至國內、甚至販賣到海外。江南地方的活潑化尤為顯著，蘇州或湖州的絹織品、松江的棉織品、景德鎮（江西）的陶磁器、佛山鎮（廣東）的鐵器製品等，透過分工方式大量生產，廣受社會好評。再者，小農民為了補貼家計而開始流行起商品生產，長江三角洲的養蠶業、絹織品業或是棉業，都與都市的手工業一同獲得長足進展。

長江下游流域自宋代以來的農地開發趨於飽和狀態，越來越多農家從水稻栽培轉為棉花或桑栽培，穀倉地帶的地位亦被中游地區取代。是故，下游地區所需糧食由中游地區供給，此前的「蘇湖（江浙）熟，天下足」俗語為「湖廣（湖北、湖南）熟，天下足」所取代。許多商品特殊化為專門在某地生產，地區之間則逐漸確立經濟相互依賴及分工體制。

所生產出來的商品，透過山西商人或徽州商人等客商販賣到全國各地，物資流通節點形成不下於都市的新市鎮，市場街市如雨後春筍般接連出現。流入都市的商品支撐起富裕階層的奢侈生活，以其為目標的服飾業、飲食業、娛樂業、運輸業等各種服務業興盛。也是大概在這個時候，至今為止一般都住在鄉間的官僚、士大夫或大地主轉到城市居住。特別是現職、休職、退職中的官僚，或是科舉體系相關的舉人、監生、生員等，在當時被稱為「鄉紳」或「紳士」，以都市或市鎮為據點而對地方政治帶來莫大影響。

這些城居地主依靠佃戶的佃租過活，完全離開農業經營。向來由其負擔在鄉村的再生產各種業務（以水利為主的共同作業指揮、監督等）轉嫁予在地中小地主，後者的體力受到消耗。加上不少鄉紳仗著勢力強奪土地，利用免除徭役特權（優免）而接受土地寄託（投獻），或是將土地分散至多戶以免除稅役（詭寄）。一方面土地集中於部分特權階層，另一方面許多人失去土地而沒落。嘉靖以降，為了去除這些弊害，遂以江南地區為中心實施各式各樣的土地改革、賦役改革。

據實而言，都市的繁榮是成立於農村的疲弊之上的。是故，都市的過多商品與獲得職業的期待，相當吸引受到商業化洗禮的農民。他們厭惡沉重稅役而捨棄土地，流入都市或市鎮，也是理所當然之事。生活在此一時代的何良俊（一五〇六—一五七三年）略帶誇張地形容，當時離開農業者占農民的六、七成（《四友齋叢說》卷十三）。這便意味著，明初所制定、基於一百一十戶戶數原則的里甲制度，已經不再能充分發揮功能。漫長明末中社會流動化有所進展，但必須了解到，其背景有著農村、都市間的上述關聯構造。

大禮議

正德帝度過脫序的一生後，沒有留下繼承人便去世了，故而他一去世不久，後繼者問題立即浮上檯面。首輔大學士楊廷和與正德帝之母張皇太后共

圖 24　嘉靖帝

謀、製作遺詔，將弘治帝之弟興獻王嫡子朱厚熜，亦即正德帝的堂弟從外藩迎接過來登上帝位，是為世宗嘉靖帝（一五二一—一五六六年在位）。新皇帝從封地安陸（湖北省）抵達北京為止的三十七日間，楊廷和等人致力於去除正德帝時代之積弊，例如排除先帝正德帝身邊逢迎拍馬之輩、廢止惡名昭彰的豹房、釋放政治犯、終止不緊急的事案等。

不過，嘉靖帝抵達北京不久，便就亡父的處遇與閣臣之間產生裂痕。相對於嘉靖帝希望讓生父興獻王進入太廟、以皇考（亡父皇帝）身分受到祭祀，楊廷和等閣臣強力要求其以弘治帝為皇考、興獻王為皇叔父。最初嘉靖帝採取防守立場，後來得到張璁等新進官僚支持，便與楊廷和等人對立，形成「大禮議」政爭。

對於從外藩入京、尚未確立基礎且年僅十五歲的嘉靖帝而言，是否能稱呼興獻王為皇考，是今後政權經營上的試金石。若是認弘治帝為皇考，便是被楊廷和等閣臣拉攏，等於即位不久就失去政治主導權。另一方面，楊廷和等人為了維持弘治、正德年間建構的政界權勢，讓嘉靖帝繼承弘治帝的皇統亦是不可退讓的底線。而張璁等人則是為了排除楊廷和等舊臣們的影響力、實行新政，故而積極地支持嘉靖帝。

閣臣們與嘉靖帝一方的利益正面衝突之中，張璁等人強調孩子思念父母的人情而正當化嘉靖帝的行動，逐漸將事態導向有利的方向。嘉靖三年（一五二四年），楊廷和等人終於抵擋不住皇帝固執的堅持而辭職，嘉靖帝鎮壓反對派而以父親為皇考獻皇帝、母親為聖母章聖皇太后，弘治帝則為皇伯考、皇后為皇伯母，為政爭定案。嘉靖十七年更將皇考獻皇帝封廟號睿宗、進入太廟祭祀，創造出新的皇統。大禮議最終是以嘉靖帝一方的完全勝利作結。

禮制改革的意義

明朝的禮制中，皇位繼承者定為皇帝的嫡子。嘉靖帝拘泥於「大禮」雖然帶有對生父的私人情感，同時也是為了正當化自己身為皇帝的地位。透過讓興獻王以皇考而非皇叔父的身分接受祭祀，嘉靖帝不僅能向生父盡孝，自己也取得了皇統的正統。他將對生父的私情替換為對父母親的孝＝天下公理，以興獻王的皇考化達成皇位繼承禮制面的整合。

嘉靖帝時常在意的，是跟自己一樣從外藩入繼大統的永樂帝。兩者的共通點，在於即位前後經歷、解決了「靖難」、「大禮」等難題。另外，進入自己毫無基礎的京城，從無到有地建立起自己政權的立腳處，這點也是一樣的。嘉靖帝將永樂帝的廟號從太宗換為成祖，也是為了彰顯創造出自身皇統的永樂帝。

其實，嘉靖帝被稱為禮制狂熱者，是有理由的。不同於永樂時代，在無法期望擴大天下之下，能將即位正當化的只有確立禮制。事實上，他從祈雨、郊祀等天地祭禮到山川、孔子廟祭祀等，進行了多方面且集中的禮制改革。其中值得一提的是，透過嘉靖九年的郊祀改革，從根本上改變了明代的祭天儀禮方式。

太祖洪武帝最初採行的，是冬至到南郊（首都南方郊外）祭天，夏至到北郊祭地的南北分祀方式。不過，洪武十年起改為正月在南郊合祀天地，永樂帝遷都北京後也未予以變更，明朝祭拜天地的方式遂定為在南郊合祀。對此，嘉靖帝提出異議。他以洪武帝最早時採取分祀方式、《周禮》經文亦明記分祀等理由，強硬地開始南北分祀。至今仍存於北京的天壇（南郊）與地壇（北郊），便是起源於此。

嘉靖帝關於禮制改革的主張根據，即是繼承洪武帝的精神以及復活古禮。也就是說，他以洪武帝及經書的權威為後盾，透過創造天下統治基礎的禮制，製造出自己為真天子的形象。直截了當地說，對他而言，創造禮制這件事本身就有意義。「非天子，不議禮」（《中庸》），創造禮制為天子的專權事項，對於皇統的正當化是絕對不可或缺的。當然，即便是皇帝，也不能隨意變更既存禮制。嘉靖帝依靠洪武帝與經書兩個權威，從而推進改革。

嘉靖新政

由於大禮議的混亂或服用道教丹藥而中毒死亡等事，嘉靖帝常給人凡庸皇帝的印象。然而，近年來開始部分修正嘉靖帝昏君一般的形象。嘉靖前期對革新政策的嘗試，令其政績及嘉靖時代受到新一波注目。

當然，這並不能直接成為證明嘉靖帝有能之證據。實際上，除卻禮制方面，嘉靖前期的各項改革基本上都是智囊團想出來的。其中，張璁發揮自嘉靖六年（一五二七年）入閣後八年即躍升首輔大學士的手腕，參與各項改革。特別值得注目的，是在政治面向上削減宦官勢力。

明代除了司禮監等宮中宦官以外，地方上亦有鎮守太監或市舶太監。前者分派到全國各個要地負責地方防衛，後者則監視市舶司的朝貢業務及朝貢貿易。然而，到了明中期，他們開始對地方政治置喙、中飽私囊，產生莫大弊害。特別在劉瑾專權時代，他讓自己從小培養的宦官擔任上述要職，故而中央與地方腐敗風潮連動式地蔓延。張璁所行的地方宦官裁撤改革，即是著手解決此般事態，亦在某種程度上消解了地方積弊。

嘉靖新政也試圖在財政面上重整革新。原本在民間，有力者集中土地（兼併），或稅役負擔不均衡等弊端外顯，貧富差距日益擴大。宗室、外戚、功臣或官僚、士大夫透過強奪或投獻等手段領有大片土地，他們透過優免特權所免除的傜役，都被轉嫁到一般農民身上。受到波及的貧窮農民，除了更加貧窮、就是沒落下去。這又會導致國家掌握的土地減少、稅收減收。

新政改革案中，清查、丈量宗室或勳戚擁有的莊田，並將不法占據的土地還給原來的所有者。與此同時並行的是嘉靖九年計畫的賦役制度改革，計算各省人丁（成年男性）人數與稅糧、計算出基準額，提倡各自直接課徵丁、糧而徵收銀兩的新稅法。一般認為此即一條鞭法的濫觴。其他還接連不斷地提出對已膨脹至數萬人以上的宗室削減祿米、禁止功臣世襲、裁撤革除冗官、端正官界綱紀、改革科舉制度等政策，試圖重建財政、穩固體制。

新政的終結

然而，前述各種改革，除了削減宦官、禁止功臣世襲外，都不清楚發揮了多少實際效用。改革集中於嘉靖前半期，隨著推進改革的同伴不和或退出政界，到了嘉靖二十年前後，對新政的狂熱已經完全冷卻。原因之一，即是嘉靖帝本身透過大禮議、禮制改革達成夙願後，對新政的激情急遽下降。這時潛入其心中空隙的，即是追求現世利益的道教。

嘉靖帝很早就皈依道教，但直到新政中止的嘉靖二十年前後才轉為狂信。後宮女官們所犯的嘉靖帝暗殺未遂事件（壬寅宮變），更令其變本加厲。

自此以降，嘉靖帝在內廷西側的西苑閉門不出，埋首於祈求不老長生的齋醮（道教祭典）。由於當時以青詞（道教祭文）寫得好不好來選擇內閣大學士，甚至出現「青詞宰相」一詞。在此期間，嘉靖帝會招來偏愛的大臣到西苑、自己決定政策等，只有政治主導權是怎麼也不放手的。而且，他心胸狹窄且性格酷烈，大臣一不如他意便毫不留情地施以廷杖之刑，有時也會處以死刑。

嚴嵩便是一邊看著嘉靖帝的臉色，一邊活用書寫青詞的絕技而長期維持政權。其在嘉靖朝後期的十五年間，身為首輔大學士而握有絕大權力，並與兒子、亦即工部侍郎嚴世蕃，合稱「大丞相」、「小丞相」，展開了賄賂政治。他們在故鄉江西擁有橫跨數個縣的良田，聚斂的金銀財寶不計其數，甚至在自家後院挖洞埋藏銀兩。最後嚴嵩因嚴世蕃的不正行為遭處連坐、財產被沒收，在不得志的狀況下去世。嘉靖後半曾為官界頂端的首輔大學士，落得如此下場。

當初在大禮議中支持嘉靖帝的勢力中，有許多人是陽明學的信奉者。他們從陽明學「禮來自人情」的觀點，對嘉靖帝念及親生父親的人情表示理解，而在大禮議中積極支持他。陽明學的立場，即是人情與道理本就不是不能調和，應實際站在純粹人情（良知）論證道理。

問題在於，人情總有超越道理而開始獨自前行，甚至轉化為欲望、發展為追求私利的時候。嚴嵩的言行就是如此。嘉靖帝基於私情而糾結於生父之事，或是追求不老長生之究極私利，也都不是例外。皇帝這樣一位絕對權力者的欲望無限制地膨脹，毫不害羞地主張一己「大私」，就這點來看，他和徹底追求個人欲望的前代正德帝沒有兩樣。

但是，這並不意味著只有嚴嵩或嘉靖帝是特別的。嘉靖末期取代嚴嵩掌握政權的陽明學者徐階就是一個好例子。一般視徐階為正義派官僚而常與嚴嵩比較，但他在故鄉松江坐擁二十四萬畝（一畝約五·八公畝）的土地，子弟、僮僕相當蠻橫，終究令其晚年遭致彈劾。朝野一致追求私利，連正義派官僚也不例外。不得不承認，嘉靖新政最終結束於幻想，就是敗在這難以抗衡的時代之力。

奢侈的獎勵

饒富興味的是，在嘉靖年間，比起抵抗追求私利的時代風潮，反倒是出現了一股奇特思想，亦即在受這股風潮影響的富裕階層奢侈行為中尋求公共利益。這是陸楫（一五一五—一五五二年）這位人物的見解。他出生於徐階故鄉（徐階為華亭縣出身）附近的松江府上海縣，生活年代幾乎與徐階前半生重疊。其具監生身分，最終並未為官，而是以在野身分涉獵群書。透過觀察先進地帶江南三角洲的風俗，在其著作《蒹葭堂稿》中留下了重要的一篇文章。

不過是一介監生的陸楫之所以能名留青史，一言以蔽之，即是因為其主張的特異性。在以儉約為美德的當時，他提倡奢侈的效用，主張都市富裕階層在衣服、飲食、車轎、遊山等方面的奢侈，能讓庶民階層生活獲得莫大救濟。他指出：「富商大賈，豪家巨族，……彼以粱肉奢，則耕者庖者分其利；彼以紈綺奢，則鬻者織者分其利。」（《蒹葭堂雜著摘抄》）也就是說，有錢人的奢侈會給庶民帶來就業機會，給予其生活保障。

他的主張深處有著一股危機感，來自於庶民＝下位者若是沒落則秩序架構崩壞，連帶使得包括自己（陸楫）在內的上位者失去立足基礎。這個發想正是基於中國式理論「維持了全體秩序，上下雙方才能適得其所」。若說國

圖 25　富裕階層搭船遊樂
（左為雜劇《鞭歌妓》，右為《花舫錄》的插畫）

家試圖透過各自遵守上下本分而維持秩序，陸楫的主張重視救濟下位者，確實是站在社會這一邊的。以五六頁的〔圖8〕來看，奢侈禁令是以統制為主體的國家「支配的理論」之實踐，陸楫對奢侈的肯定則是從社會一方向國家要求更良好支配的「被支配的理論」具體表現。

確實，歷代王朝一直是以保障庶民階層的生活來維持全體秩序。不過，在都市富裕階層的奢侈中發現保障資本的，則以陸楫為嚆矢。以先進地區江南為中心，許多富裕階層競相奢侈。可以說，正因為他在當地實際見過激化的社會矛盾，所以才有這樣的提案。明末混亂動搖傳統價值觀的社會風氣，亦有莫大影響。奢侈肯定論即是在這個時候由此人初次提出的。

陸楫以後也有人提出奢侈肯定論，不過坦白地說，後來的類似論調都沒有像陸楫的主張給人一股迫切感。這是由於當時奢侈已然普遍化，人們投身多樣化職業亦成常態。反過來說，陸楫的時代農村與都市差距擴大，破產農民流入都市的狀況也比以往更為顯著。他的主張，也是對此般事態的某種警告。結果，奢侈風潮雖然隨時代蔓延，超過都市接收容量的小農民沒落，釀成社會的不穩定狀況。以陸楫的敏銳感觸，說不定預測到了這樣的未來。要說嘉靖年間是「漫長明末」的開端，應該也是沒有問題的。

二、邊境地帶的騷擾

交易的現場

因大禮問題而動盪的嘉靖二年（一五二三年）四月，日本有兩組遣明使節競相航向寧波港。這是代替衰退中的室町幕府經營遣明船之周防（山口縣）大內氏，以及管領家細川氏的船。得知大內氏派遣遣明船的細川氏，急忙準備船隻並追了上去。最終，從爭奪朝貢主導權開始，大內氏一行殺害了細川氏一方的正使鸞岡瑞佐，追捕副使宋素卿到紹興（浙江）卻無法捕殺之，回程沿途還犯下放火、舉止粗暴、殺戮等事，最後爆發了奪取明船逃亡回日本之事件。此即一般所稱的「寧波之亂」（寧波爭貢事件）。日本將國內的爭端原封不動地帶到明朝，從明朝的立場來看完全是顏面掃地。

圖 26　寧波的三江口（2001 年拍攝）

日本遣明使節的殺傷事件已自十五世紀中期起屢屢發生，朝貢貿易相關的紛擾亦不在少數。使節一行人為了盡可能提高利益，對交易品價格交涉可說是賭上性命。明朝為了抑制花費，對抗的方式有嚴格命令貢期、限制使節人數，以及削減回賜額度、供應費等。寧波之亂過了十五年後，再入貢的妙智院僧人策彥周良著有《入明記》，即指出明朝支給的米泛紅陳舊、酒也又淡又濁，醋、醬油還摻了水。到了這個時候，明朝對朝貢制度的熱情已與開國之初大相逕庭，變得相當冷淡了。

以寧波之亂為契機，日明關係一時中斷，嘉靖十九年（一五四〇年）策彥一行人入貢時才重開交流。九年後的嘉靖二十八年（一五四九年）日本最後一次入明，此後日明貿易便隨著大內氏滅亡而完全消滅。日本領取的勘合只到正德勘合，直到最後都沒有領到嘉靖勘合。寧波之亂後，明朝對潛藏危險的對日交流轉向消極，日明貿易轉以非法的走私貿易為主流。

同一時期，南方玄關的廣州也發生了巨大變化。正德末年的廣州為了籌措軍費，採取的措施是對朝貢船附載貨物課以兩成關稅（抽分），並認可其與民間商人交易剩餘貨物。若是只改變到這裡，還沒有完全脫離開國之初以來的朝貢一元體制。然而，現實並非如此。廣州的地方官默認朝貢船以外的民間商船入港，亦對其實行抽分。這是地方公機關毫無顧忌地展開非法交易活動之始。

後來經過一些曲折，在廣州無論是貢期前的朝貢船或是商船，都已固定認可其入港、徵集關稅之慣例。原本對於周邊諸國而言，若是商船進行的民間貿易獲得默認，就沒有必要採取朝貢形式。開國初期所定的朝貢一元體制，至少在廣州而言，幾乎是有名無實了。這意味著政治主導的朝貢一元體制，依然無法抗衡依照經濟原理活動的交易魅力。接近十六世紀中葉之際，交易現場也被確實地捲入了「漫長明末」的浪潮中。

葡萄牙人的來航

同樣在正德末年，總有些騷亂的中國東南沿海地區又迎來新勢力的登場。自十五世紀後半起，西洋各國前進世界，開啟了所謂的大航海時代，往東到達亞洲的葡萄牙勢力突然出現在廣州。在此之前，葡萄牙勢力憑藉本國的強力後援，以武力在非洲至阿拉伯、印度、東南亞海域建立據點，於印度果阿設立代理國王的副王（印度總督），在印度洋海域建立起海上帝國。

其中，與東亞地區相關、最重要的據點，即是馬來半島西岸的穆斯林國家麻六甲蘇丹國（按：《明史》稱滿剌加國）。麻六甲是位於南海與印度洋節

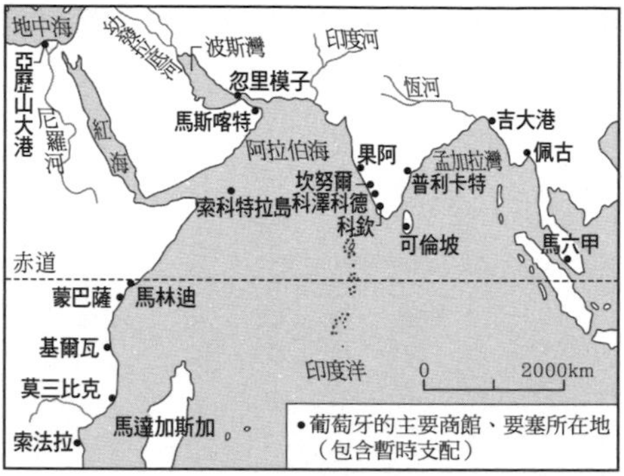

圖 27　1520 年代左右葡萄牙的「海上帝國」

點的港市國家，自明初鄭和艦隊利用此地為航行印度洋的啟航點以來，整個十五世紀，該地以東南亞產品聚集地、外國商品配送基地而繁榮。一五一一年，經過激烈戰鬥後，葡萄牙勢力占領了麻六甲。他們殺死許多穆斯林，占據了東西貿易十字路口麻六甲，而開始與印度以東的東南亞地區交易。

一五一七年（正德十二年），葡萄牙正式與明朝交涉。這時，印度副王有意與明朝建立邦交，遂派遣曾任職於麻六甲商館的托梅・皮萊資（Tomé Pires）為使者。他以著作東洋相關地理書《東方志》而為人所知。皮萊資等人抵達廣州後即要求建立邦交，但由於《大明會典》或《皇明祖訓》沒有記載葡萄牙（明代稱為佛郎機）的國名，遂遭到拒絕。在此期間，皮萊資一行人雖然靠著與中央拉關係而上京、抵達北京，卻因正德帝過世等事，而遲遲沒有進展。

偏偏在此時，被滅亡的麻六甲王國流亡政權使者來朝，向明朝告狀，說明葡萄牙的蠻橫暴行，讓明朝更提高了警戒心。更甚者，葡萄牙冒險商人團有意奪取廣州珠江河口的屯門島作為據點，亦觸怒明朝。了解葡萄牙商人們所作所為的明朝，將皮萊資及其一行人送回廣州、關入監牢。明軍與葡萄牙冒險商人團在廣州開始了戰鬥，後者敗北而被趕出廣州灣。他們僅剩的選擇，即是參與當時沿海地區熱絡的走私貿易。

月港與雙嶼

福建漳州的月港與浙江舟山的雙嶼港，是十六世紀時期走私貿易的據點港口，並因而發達起來。這兩個地方都是距離北京中央遙遠的海邊或離島，不僅取締困難，還得到以富饒江南地區為後盾的地利，遂能大為發展。其中，月港於上一世紀後半期的成化、弘治年間即已獲稱「小蘇杭」，比省城福州還要熱鬧。

福建自開國初期以來，即是走私貿易者叢生之地。不過，十六世紀時的特徵，在於沿海地區鄉紳與地方官員結合、參與走私貿易。他們將準備好的

圖 28　雙嶼和月港

遠洋航海用船隻與資本託付予「下海通蕃」之商人，並雇用沿海地區的貧民階層，公然地從事走私貿易。中小型「奸商」也會獨自準備船隻，瞞過官員耳目而投入走私。

另一方面，雙嶼港位於寧波海上舟山群島之六橫島，群島整體均為傳統海民勢力橫行的世界。元末群雄方國珍的水軍主體即是這股勢力，他們強大的程度甚至在明初需要被強制遷移到大陸沿岸地區，以封鎖其活動。十六世紀二〇年代，舟山雙嶼港崛起為走私貿易港。嘉靖五年（一五二六年）一個名為鄧獠的男子逃離福建的監獄，開始邀請東南亞諸國。不久，新來的葡萄牙人亦來到自認是寧波的地方（其實是雙嶼），建立據點、展開貿易。

日本人則較晚來到雙嶼。嘉靖二十四年（一五四五年），後文會提到的王直將博多港倭人（按：日本人）助左衛門等三人帶到雙嶼，此後日本人航向雙嶼的情況便一口氣增加許多。加上日明勘合貿易正處最後時期，日本國內發生的某件劃時代大事更加速了此一動向。當時，日本發現了石見銀山，加以從朝鮮引入白銀精鍊技術吹灰法，日本的銀產量呈現了爆發式增長。

許多日本人以這批白銀為資本而前往雙嶼，購入高級絹織物、生絲、棉織品、陶磁器或南海產的香料等，後來讓日本獲得鉅額利益。相反地，當時中國面臨白銀不足的狀況、銀價高於日本，中國商人遂因其差額獲得很大的淨利。為雙方帶來益處的日中走私貿易連年擴大，寧犯海禁也要前往日本者亦增加。當時，朝鮮半島屢屢漂來當地稱為「荒唐船」的走私貿易船，此即足以證明日明之間海上往來是如何盛行。

總的來說，十五世紀以前的走私貿易以中國與南海諸國的往來為中心，日本的存在感並沒有那麼高。不過，隨著日本銀產量增加，日本在中國國內的比重確實有所增加，向來中國與南海諸國的貿易路徑延伸至日本，在此路徑上的月港、雙嶼因而繁榮起來。

走私貿易者的海洋

當然，明朝政府也不可能對這樣的事態坐視不管。嘉靖二十六年（一五四七年）七月，朝廷為了肅清海洋的目的，派遣以清廉剛直著稱的朱紈到當地。他以浙江巡撫兼福建軍務提督的身分到漳州赴任後，便在沿海地區實行保甲（鄰組組織）的連坐制度以強化監視，破壞全數二桅（兩根船桅）以上的遠洋船隻，徹底實行海禁。他更在隔年四月攻擊雙嶼港，對盤據當地的走私貿易者施以毀滅性的打擊。

由於此後朱紈在雙嶼港沉下大石、木材而破壞港口機能，雙嶼的繁榮還不到二、三十年便告終。不過，這並不意味著舟山的走私貿易隨之根絕。攻擊雙嶼的四十多天後，朱紈獲報有「賊船」一千二百九十多艘航行於外海。對走私貿易者而言，位於交易路徑上的舟山，尚未失卻其重要性。

當時走私貿易的架構，本來就不是像掃除「下海通蕃」者便能解決問題那樣單純。以建造大船、公然進行貿易的鄉紳為開頭，參與其中的還有接受賄賂而默認貿易的地方官府、奸商或豪門巨室，以及成為他們手下而出海之貧民等，在沿海地區形成一個多樣人群相互依存的複雜構造。更不用說，朱紈為攻擊雙嶼而在福建徵集的水軍士兵本身，平日便是毫不在意地進行走私貿易之輩，官兵與海賊之間沒有固定區別。

明白地說，鄉紳們並不是反對海禁本身，而只是擔心像朱紈那樣嚴格實施海禁會令走私貿易變得困難。他們的理想是如同以往的鬆弛海禁，朱紈的做法等同於侵入不得碰觸地帶之禁忌。最後，朱紈在鄉紳們的策畫下遭到彈劾、免職，感到悲觀的他在被召回北京前仰毒自殺。曾經緊縮的海禁再度漏洞百出，東亞海域呈現暴力、無秩序的樣態。

華夷的混淆

被形容為「華人入外夷也」（鄭曉《皇明四夷考．序》）的邊境華夷混淆狀態，絕不只出現於東南沿海地區。北方越過長城的「私出外境」者也從十五世紀後半起增加，嘉靖年間此一傾向更為顯著。軍民在長城外的走私貿易如同家常便飯，另一方面，難以忍受官吏掠奪而捨棄故鄉的農民、為免除過重勞役而逃亡的長城地區軍人（他們在大同頻頻爆發叛亂），或是白蓮教信徒們，許多人為了追求新世界而越過邊境。

十六世紀中期以降，長城之外形成亡命華人的聚落，當時蒙古語稱為「Baishin」，漢字記為「板升」，據說此名稱來自漢語的「百姓」。根據紀錄，長城之外的各個地區散布著大大小小的板升，總共居住了大約五萬名華人，其中約有一萬人是白蓮教教徒。這些華人身處游牧民族之中卻沒有被同化，多數從事農業而維持著華人生活。也就是說，他們建立起超越游牧民族與農耕民族文化、語言障礙的共生關係，亦有研究者稱這樣的社會為「牧農王國」。亡命華人之中，有的成為蒙古間諜或顧問，也有不少人誘使其侵略中國。

前往北方的，不只有亡命華人。如同前述，明朝政府自十五世紀後半開始整備長城、設置九個邊鎮，為了防備蒙古而配置大量軍隊。供養士兵的糧食大多由商人運送到北方，商人則獲得「鹽引」（販賣鹽的許可證）作為回報，而能以此到鹽產地換成鹽，再販賣至所定區域（行鹽地），此即稱為「開中法」。因此，地近北方的山西商人因地利而興起，以鹽商身分活躍起來。不過，由於稅的納銀化、白銀經濟發展，商人亦在十五世紀末開始向鹽產地的都轉運鹽使司或鹽課提舉司直接交納白銀（運司納銀制），鄰近鹽產地沿海地區的徽州商人崛起，與山西商人形成對抗形勢。

從納糧到納銀的變化，使得在北方的交易熱潮更加速進展。國庫核心戶部的太倉銀庫所藏歲入大多來自上述鹽課銀，再每年從中撥出大量銀兩（京運年例銀）投入長城地區，供養大量北方軍隊，用以購買糧食或必要物資。許多商人（邊商）以此為目標，在車中堆滿米穀或各種商品而聚集，令各邊鎮白銀與商品交易的市場相當熱鬧。

透過投入北方的銀兩，一部分透過商人回流至內地，但大多仍被邊境守備官僚或軍官私吞、充當重要官職的賄賂或償還借款，因此軍事費用經常告缺。另外，軍官、商人亦常以此為本錢而從事走私貿易，使得蒙古方對於中國商品的購買欲提升，建立起與中國之間無法切斷的經濟關係。跟沿海地區一樣，白銀在北方也成為交易熱潮之媒介，時常使得邊境地區無秩序的華夷混淆狀況更加擴大。

北虜南倭

在十五世紀末蒙古中興之祖達延汗（Dayan Khan）的時代，由於蒙古向

圖 29　倭寇（右）與官軍的戰爭

明朝朝貢、進行交易，北方情勢尚稱平穩。然而，十六世紀初陷入戰爭狀態後，對蒙古而言，走私貿易幾乎成為唯一的交易手段。嘉靖二十年（一五四一年）以降，達延汗之孫、土默特部的俺答汗（Altan Khan）向明朝要求朝貢與馬市（互市）遭拒絕，只能再度訴諸武力掠奪。

嘉靖二十九年（一五五〇年）八月，俺答汗越過長城，抵達北京城下，在周邊村落胡亂掠奪。於此期間，陷入恐慌的明政府一籌莫展，只能作壁上觀。俺答汗包圍北京的八天期間，擄走許多男女、家畜，便悠然撤退。此一事件依照當年干支而獲稱「庚戌之變」，令明朝充分地認識到蒙古的威脅性。

最後，明朝同意在大同設置馬市，也不得不於宣府、延綏、寧夏等地開市。只不過，明朝始終無法擺脫對蒙古的不信任感，在嘉靖帝的強烈意向下，不過一年便廢止了所有馬市。其後俺答汗屢次向明要求貢市（朝貢與馬市），明政府卻斷然拒絕，再也沒有同意過。陷入絕境的蒙古，只剩侵略中國一途。此後約二十年間，明朝拒絕蒙古求貢的代價，即是持續暴露於來自北方的威脅之中。

另一方面，在東南沿海地區，走私貿易者、海賊等華夷混雜集團被稱為倭寇，於雙嶼廢港後，以舟山群島金塘山的烈港（瀝港）為據點而擴大活動範圍。為此，明政府於廢止馬市同一年的嘉靖三十二年，突然攻擊了烈港。在參將俞大猷、湯克寬等人的活躍行動下，烈港的倭寇、走私貿易者遭擊破、放逐，頭目王直最後逃往日本。其後，俞大猷為了紀念勝仗，將烈港改

圖 30　平倭港碑

名平倭港，並建造石碑。

在此次戰役前後，倭寇的活動忽然活躍起來。這是由於各地走私貿易者為抵抗明朝取締而轉為凶暴化之故。此後數年期間，東南沿海地區每個月都會遭到倭寇侵襲，他們或是搶走當地糧食，或是擄掠男女。此即歷史上有名的嘉靖大倭寇，也是與十四、十五世紀前期的倭寇之間有所區別的後期倭寇實體。

十六世紀中葉明朝北有蒙古入侵、南有倭寇橫行，時人稱此南北外患為「北虜南倭」，相當恐懼。此一南北現象乍看之下毫無關聯，但其實是以銀為媒介產生的邊境交易熱潮變形之下的後果。明朝強行阻斷這股熱潮、堵塞物資流通之際，他們為了提出異議，便騷擾邊境。北虜與南倭絕非毫無關係的存在。

三、朝貢？還是互市？

籌海論爭

令人意外的是，海禁此一用語在開國之初並不存在。《明實錄》中的「海禁」一詞，若是除卻正德十六年（一五二一年）兵部尚書彭澤的上奏，其實是在十六世紀中葉朱紈攻擊雙嶼港（一五四八年）以後才出現的。當時走私者隨著海防鬆弛而橫行，明朝對之以武力鎮壓，面對倭寇抵抗此情況的威勢，當時的官僚、知識分子之間旋即興起海洋議論。

這場論爭稱之為「籌海（海洋對策）論爭」，可能是中國歷史上第一次的海洋議論。當中直截了當地討論的，是對於十六世紀階段的中國國家而言，海洋究竟有什麼樣的重要意義。只是，必須注意的是，其中所談的重要性並不是貿易或財政面向，而是來自海防、軍事面向的危機感。

論爭的爭論點有二。第一點是為強化海防的戰略、技術面建言。第二點則是與海防相關，關於是否應該許可民間人士出海、貿易（互市）的討論。論者針對第二點產生激烈論戰。一方面，許可出海派主張禁止出海措施衍生走私貿易者，與其讓他們轉為倭寇、四處作亂，還不如許可出海，以圖海洋安定。另一方面，反對派則指出，若是許可出海、互市，外國商人亦能來航，沿海地區的華夷混雜越加嚴重，將陷入無秩序狀態，故而應強化取締出海。更甚者，反對派還加入海禁乃洪武帝祖法的另一論點，使得其優勢難以被逆轉。

於此期間，這些人經常掛在嘴上的「下海通蕃」常用語句，帶有特別意涵。相對於《明律》「違禁下海」指的是海商持有違禁貨物、違法出海，下海通蕃意味著諸多沿海居民前往海外諸國，從事走私貿易、誘使外夷而進行劫掠。正當沿海地區益發混亂之際，反對出海派強調徹底實行「下海通蕃之禁」，與許可派要求緩和該禁令形成對立。論爭過程中，下海通蕃之禁所簡稱的「海禁」用語，在論者之間逐漸流行起來。

因此，所謂的「海禁」一詞，並非意指跨時代的單純出海限制。這是從十六世紀的「下海通蕃」現實，以及如何對應此現實的論爭所產生之歷史用語，只是後世之人對於明初狀況也使用了此用語。正如日本的鎖國一詞，並非產生於實施鎖國的十七世紀，而是十九世紀才出現的。將體制化的制度予以概念化之過程中，形成了新的用語。

明朝政府以祖法為後盾而不放棄海禁，與日本在幕末以「鎖國祖法觀」反對開國的江戶幕府，在立場上是相通的。藉由洪武帝的權威正當化己身行為的基本教義派嘉靖帝，對於許可史無前例的出海措施相當消極。於此期間，走私貿易者與倭寇混雜進明國境，使得東南沿海成為混亂淵藪。在這片無秩序海洋中建立起龐大勢力的，即是前文已提及名號的王直。

徽王王直

王直據說出身自徽州商人，但其實他的詳細經歷並不明確。據聞其年少時頗有俠義之風，和夥伴一起到日本、東南亞各國從事走私貿易，後來到雙嶼島頭目許棟手下活動。根據南浦文之的《鐵砲記》記載，葡萄牙人將鐵砲傳入種子島之際，有一位名叫五峰的男子擔任翻譯。五峰是王直的號，一般認為這位五峰就是王直。若是如此，那麼葡萄牙人沿著走私貿易途徑來航中國，亦非不可能之事。

如同前述，王直在嘉靖三十二年（一五五三年）明軍攻擊之下離開烈港，將據點移至日本五島列島，自己則居住於平戶。他在平戶藩主松浦隆信的用心保護下，坐擁兩千名部下、居住於奢華豪邸，獲稱「徽王」。松浦家的《大曲記》記載，當時平戶有許多稱作「唐南蠻」的舶來品，並聚集了京都、大阪堺市的商人，故獲稱「西之都」。在中國被視為大海盜的王直，在日本則

圖 31　平戶的王直像

被視為明朝大商人，與周防的大內義隆、豐後的大友義鎮（宗麟）等西國各大名都有深切聯繫。

成功招諭王直的，是浙江總督胡宗憲。他在中央政府同意下，嘉靖三十四年（一五五五年）派遣使者造訪身處五島的王直，以認可互市為條件，呼籲其投降。王直對此自然是有所警戒，並未答應。不過，經過同樣出身徽州府的胡宗憲動之以情，以及之前送往胡宗憲手下的心腹傳來情報，最後王直決定回國。此時，想必他有著自此能獲得國家認可、名正言順地從事互市正當事業等天真的期待。

然而，從結果來看，事情完全違背了王直的期待。雖然胡宗憲本身似乎有意認可互市，但因中央轉換方針而決定逮捕王直，胡宗憲自己的政治立場也陷入危機。背後因素包括對嚴嵩派胡宗憲的反抗等權力鬥爭面向，不過主要是無法正面反對國家視王直為秩序破壞者的理論。經過兩年幽禁後，王直於嘉靖三十八年在杭州官巷口被處以斬刑。社會的需求，就此再度為國家所封鎖。

月港開港

王直處刑四年後的嘉靖四十二年（一五六三年），福建巡撫譚綸上奏「善後六事」，請求緩和海禁。其中，寫道「弊源如鼠穴，也須留一個。若還都塞了，處處俱穿破」（《譚襄敏奏議》卷二，「條陳善後未盡事宜以備遠略以圖治安疏」）。他認為，只開一港能排解走私貿易者的不滿，漳州月港即是重要的鼠穴漏洞。

在此之前，明政府為了海防，嘉靖九年（一五三〇年）於月港對岸的海滄設置「安邊館」，由福建省八府的通判（府之佐貳官）每年輪流管理。嘉靖三十年（一五五一年）又在月港新建「靖海館」，強化海上監視。不過，當地有著自稱「月港二十四將」的土寇叛亂等事，並未恢復治安。

經譚綸建議，嘉靖四十二年（一五六三年）將靖海館改為「海防館」，新

圖 32　漳州月港（海澄鎮，2002 年拍攝）

設專職官員海防同知，試圖進一步強化海防。同時，譚綸在「善後六事」中提出月港體制計畫，包括主張緩和海禁、為維護治安而設置新縣等行政改革。可惜的是，這些計畫在譚綸任內並未實現，僅被視為配合時機的善後方案，相關計畫則由福建的後任者們所承繼。

瞄準自嘉靖帝代換為隆慶帝（一五六六－一五七二年在位）的絕佳時機，福建巡撫塗澤民上奏「開海禁」獲准，月港開港、許可出海至東西洋（以廣州－汶萊的分界線為基準，以西為西洋、以東為東洋）。以月港為中心，新設置海澄縣，整備了由海防館管理海商之月港體制。但是，只有倭寇發源地日本，仍舊禁止渡航。

從日本的事例可知，開放月港不過是海防政策的一環。只開放一個「鼠穴」，以防範混亂波及其他場所。其中，自然也有著福建官僚的另外打算。在月港，不久便開始以銀徵收關稅，萬曆三年（一五七五年）整備徵稅制度，最終新設立了不同於海防館的專責徵稅機構「督餉館」。對於福建官僚而言，這能夠補足福建地方官府軍費、財源不足。他們的想法與一味想著海防的北京中央，在月港開港的目的上有著微妙差異。

先前在廣州已有當地官僚為補地方經費不足而主導開啟非法互市，反映出朝貢一元體制開始有名無實化。這股趨勢不可能對鄰省的福建官僚毫無影響。其後，針對月港的關稅，泉州府向漳州府要求對前往東洋船隻的徵稅權，即是著眼於互市的利益。從譚綸等人來看，完全執行中央政府命令的朱紈，未免也太過於正直。

話雖如此，月港開港並不是正式解除開國之初以來的海禁。誠然，禁止出海措施的狹義海禁可以說是解除了一部分，但是包括種種禁令等海洋統制政策的海禁系統（廣義海禁）依然存續。從這層意義上，月港開港應該視為透過緩和出海限制重新整編海禁體制才對。如同其後福建巡撫許孚遠所述，月港體制是「於通之（海上交易）之中，寓禁之之法」（《敬和堂集》卷五，

〈疏通海禁疏〉），海禁本身仍是嚴格地受到維持的。

俺答汗封貢

同此之際，北方有俺答汗以大同邊界外的大板升、後來的歸化城（內蒙古自治區呼和浩特）為據點，對明朝施加壓力。在其麾下，以亡命華人趙全為首的諸多白蓮教徒擔任顧問。他們的計畫是為了建設宗教王國，而利用俺答汗的武力。對俺答汗來說，他們的知識、戰術或中國情報也是必需的。反過來從明朝的角度觀之，這些華人們可說是相當刺眼的存在。

正當此時，隆慶四年（一五七〇年）九月，北方發生了明政府意想不到的事態。俺答汗之孫把漢那吉因女性問題的爭執而和祖父絕交，到大同的敗胡堡投降。當時，在北方最前線擔任指揮的，是宣大總督王崇古，以及大同巡撫方逢時。他們護送把漢那吉到大同鎮，亦在內閣大學士高拱、張居正支援下，視把漢那吉為機會，謀求與蒙古之間的和睦。

明朝方的意圖，係以歸還把漢那吉為條件締結和議，以解決長年紛爭。計畫是冊封俺答汗為王、認可朝貢貿易並開設「馬市」，亦即對蒙古全體施予恩惠的懷柔政策。但是，實現此計畫的絕對條件，是蒙古方將趙全等俺答汗的顧問綑綁送還。這是因為，即便和議成立，只要這些人還在，俺答汗不知何時還是有可能反叛。

俺答汗雖然對明朝存有疑心，但是知道把漢那吉在明受到優待後，終於下定決心締結和議。同年十一月，俺答汗將趙全等七人送還明朝，至此大致除掉了亡命華人的有力者。如約定好的，明朝方慎重地送還把漢那吉，簽訂和議的條件就此完備。隔年隆慶五年（一五七一年），制定俺答汗封貢（冊封、朝貢）與互市實施要領的「封貢八議」，俺答汗獲封順義王。此即一般所稱之「隆慶和議」。

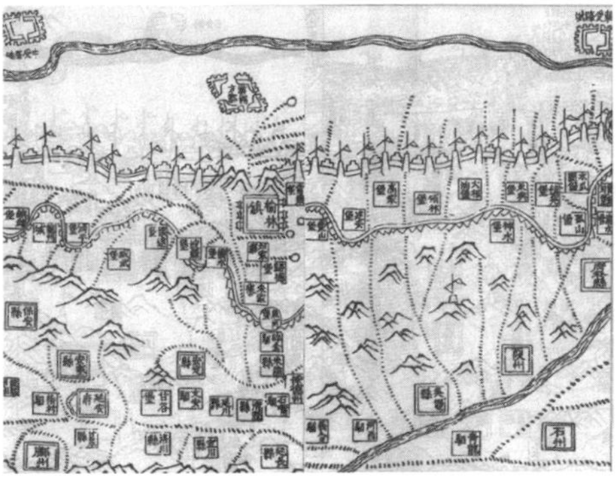

圖 33　明代的長城

隆慶和議中，俺答汗最重視的即是互市（馬市）的復活。互市在大同、宣府、山西（水泉營）三鎮的長城外部開設，不同於庚戌之變後的互市為由官方主導的「官市」，這次的互市是民間商人亦能參加之「私市」。其後增加了陝西、寧夏兩處，還在一年一度的「大市」之外加開每月一次的「小市」，可以說充分滿足了俺答汗一方的要求。

締結和議之際，也有人指出，以王崇古為首、出身山西商人家庭的山西官僚居中積極促成。意思是，和議背後有著精明御用商人的利權糾葛。無論如何，由於北方與在東南的月港開放一樣採取了開放措施，十六世紀中期的北虜南倭騷擾，終於在開設南北互市之下沉靜下來。

天朝的桎梏

在廣州的來市（外國商船來華貿易）與月港的往市（中國海商出海貿易）之外，加上北方與蒙古之間的馬市開設，出現了與明初截然不同的狀況。一部分研究者將這股趨勢視為明初以降朝貢一元體制變為互市體制之轉型，並定位為近代自由貿易的前一階段。

在月港開港之後，當地關稅收入年年增加確實是事實。特別是一五七一年（隆慶五年）西班牙人在呂宋島建設馬尼拉，其領地新大陸的豐富白銀，便從墨西哥阿卡普科（Acapulco）透過蓋倫帆船（Galeón，又譯加利恩帆船）經太平洋流入中國（帆船貿易）。是故，前往馬尼拉的福建船急遽增加，一五八〇年代以降大多數年度都有四十艘以上。由於從馬尼拉回來的船隻載運大量白銀入港，還比最初多徵收了以銀繳交的特別稅「加增餉」。其後，福建稅監宦官高案注意到月港繁榮，進行過重的掠奪，甚至引發海商暴動（一六〇二年）一事，相當出名。即便如此，月港—馬尼拉之間的貿易本身也沒有因而

表 1　1577 年～ 1644 年月港—馬尼拉之間的中國商船數量

年度	船數	年度	船數	年度	船數
1577	9	1604	15	1631	16
1578	9	1605	18	1632	16
1580	19	1606	26	1633	16
1581	9	1607	39	1634	26
1582	24	1608	39	1635	40
1588	46	1609	41	1636	30
1591	21	1610	41	1637	50
1596	40	1611	21	1638	16
1597	14	1612	46	1639	30
1599	19	1620	23	1640	7
1600	25	1627	21	1641	8
1601	29	1628	9	1642	34
1602	18	1629	2	1643	30
1603	16	1630	16	1644	8

表 2　16 至 17 世紀葡萄牙船在長崎—澳門之間的貿易量

年　代	數量（單位：兩）
約 1580	500,000～600,000
1585	500,000
1585～1591	600,000
1599	400,000
16 世紀末期	約 1,000,000
1601	1,000,000
1632	800,000
1634	490,000
1635	1,500,000
1636	2,350,000
1637	2,600,000
1638	1,259,000
1630 年代末期	3,000,000

中斷。

另一方面，一五五七年（嘉靖三十六年）葡萄牙人獲得澳門的居住權，在馬尼拉開港同一年的一五七一年開拓了澳門—長崎航線，將中國生產的生絲、絹織品帶到日本販賣，再帶回白銀。據說，當時他們每年從長崎帶出五、六十萬兩白銀回到澳門。更甚者，也開始了澳門—馬尼拉之間的貿易。透過西班牙、葡萄牙的亞洲貿易，中國亦為世界經濟所涵括。以此狀況為背景，認為在中國由重視經濟的互市體制取代政治中心之朝貢一元體制，是具有說服力的看法。

然而，應該注意的是，明朝對外政策的基調仍然是向來的維持華夷秩序，國家體制框架沒有任何變更。外國商船的來市是天朝對夷狄的恩賜、地大物博的中國本就沒有必要互市等立場，並未崩解。事實上，如同「互市有損而無得，海市有利而無害」（張瀚《松窗夢語．商賈紀》）所述，有官僚主張，「東南的海市」與「西北的互市」不同，是有實際利益的。不過，由於明朝中央是從海防的立場決定是否開港，寧波一直到最後都沒有開港，反倒是透過月港開港來補強海防體制。

互市的開設直接起因於國防問題，絕非重視貿易之措施。正如開港後海禁依然存在，每當國防危機發生之際，互市便屢遭禁止。在南北邊境開放後不久重修的《萬曆會典》（一五八七年刊行）〈兵部卷〉中，有著《正德會典》所沒有的邊禁、海禁項目，便暗示了這一點。南北開放前提的國防體制重編，可以看作是邊禁、海禁概念化之下的結果。但是，對於開放南北邊境一事，重編後的國防體制並未料想到會變成無法再維持一味統制的國家現狀。

不同於葡萄牙、西班牙等國家支持海上貿易，將重心放在華北的大陸中國的明朝，直到最後對於東南海洋中國的動向都相當冷淡。從這方面來看，正如將東南地區商品生產、商業活動認定為資本主義萌芽的中國學者所言，國家本位的海禁確實有可能成為妨礙中國社會發展之要因。不過，這也是來自國家永遠優先於社會的中國式理論。在某種意義上，亦可說是明朝並未脫離天朝桎梏的證明。

第五章

鼎盛與顯露頹勢的明帝國

一、張居正的改革與挫折

張居正的登場

即便是波長相同的「漫長明末」，也不是平淡無奇、千篇一律地步向結束。十六世紀後半，明政府為了重建體制而嘗試戲劇性的改革。只不過，這些改革由性格強烈的首輔大學士張居正（一五二五—一五八二年）主導，亦隨其退場而中挫，歷史發展再度回復到明末的波長。

張居正出身湖北省江陵，嘉靖二十六年（一五四七年）進士。他從翰林院庶吉士做起，歷任翰林院侍講學士及禮部、吏部侍郎等中央官職，至隆慶元年（一五六七年）二月終於在徐階引薦下入閣。當時，張居正四十三歲。隔年，他向皇帝上呈著名的「陳六事疏」，具體提出六條目前國家的弊病及其應對方式等意見。亦即一、省議論（省去無用議論）；二、振紀綱（肅正綱紀）；三、重詔令（重視詔令而賞罰分明）；四、核名實（官吏任用名實相符）；五、固邦本（使國家賴以為基礎的民眾生活安定）；六、飭武備（整飭武備）。後來其所行改革之要點，也都包括於其中。

的確，在張居正執政之前，國家明顯地顯露頹勢。特別是在財政面向上陷入拮据、狀況危急，歲出大幅超過歲入而完全不見好轉徵兆。政府、宮廷財政規模日漸膨脹的同時，增加稅收卻因農民離農、鄉紳及大地主兼併土地、官府不正而無望。在此之中，唯獨國防費用急遽上升。張居正和時任首輔大學士的高拱積極推進與俺答汗之間的隆慶和議，也是和上述財政狀況大為相關。

圖 34　張居正

隆慶六年（一五七二年）五月，隆慶皇帝突然駕崩，由皇太子朱翊鈞即位，亦即明朝第十四代皇帝神宗萬曆帝（一五七二—一六二〇年在位）。張居正抓住這個機會，與野心家司禮監太監馮保聯手，並牽連萬曆帝之母慈聖皇太后，最後成功逼退高

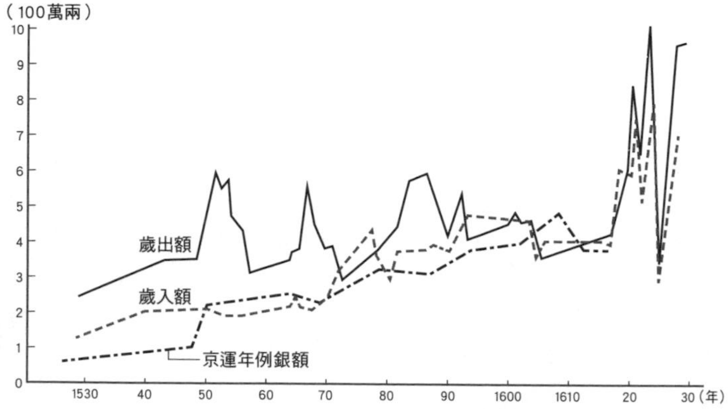

圖 35　明代後期的太倉銀庫歲入歲出額

拱。某日，等待著前來上班的高拱的，是意想不到的解職上意。高拱只能辭去官職，失意地回鄉了。取而代之擔任首輔大學士的張居正，自此展開約十年、強權式的政治運作。

此際，新即位的萬曆皇帝年僅十歲。母親慈聖皇太后相當注重教育，她稱呼張居正為張老師，完全託付其教育萬曆皇帝，希望令皇帝學習帝王學，將之培養成理想中的天子。皇帝的日常起居由馮保監視，一有機會便向皇太后或張老師報告，使得萬曆帝無法歇息。張居正則以皇帝老師的身分專斷朝政，透過強硬手段接連實施改革。

內閣的強權政治

一般認為，自嘉靖末期至隆慶年間，明代內閣的政治權限格外受到強化。不同於嘉靖帝，隆慶皇帝對政治毫不關心，故而在此期間首輔大學士的宰相化不停進展。到了萬曆初年的張居正時期，終於達到頂點。張居正的目標是由內閣主導官界肅正、財政重建，總之就是富國強兵。他希望透過內閣權限的更加強化，達成此一目標。

萬曆元年（一五七三年）六月，張居正在以往的人事考核制度之外新施行「考成法」評價系統，試圖使官僚們繃緊神經。對於接受皇帝命令而通達至相關衙門的案件，六部、都察院各自訂定處理期限，月底進行點檢。特別是針對重要案件製作兩本帳簿，一本送至監察機構六科、一本送往內閣，由六科監察案件完成進度。

如遇地方長官巡撫或監察官巡按御史（合稱為撫按官）在執行案件上有所延遲，由六部揭發之；六部如有隱瞞，由六科揭發之；六科如有隱瞞，則由內閣揭發之。依照這樣的順序進行官僚的勤務評定，令官僚們戰戰兢兢而能肅正綱紀，亦能強化中央對地方的統制。

考成法值得注目之處，在於以內閣為行政最高機關。如同前述，內閣大學士原本是皇帝的私人顧問官，與一般官僚之間並無統屬關係。但是，透過施行考成法，內閣在行政上擔負最終責任，就制度而言立於官僚機構頂端。首輔大學士的權限受到前所未有的強化，更是自不待言。

此外，考成法也剝奪了官僚們自由發言之機會。言官六科給事中（從七品）和都察院御史（正七品）獲稱科道官，品階雖不高，卻有獨立權限，連內閣大學士、六部尚書都能彈劾。然而，撫按官受到六科、內閣監督，進言途徑狹窄化，政治批評也變得困難。即便提出批判，亦會遭受左遷或削籍等嚴苛處分，故而逐漸變得一言不發。

張居正封鎖進言管道，也擴大至官界之外。生員（學生）若是進出官廳、從事政治活動，立即剝奪身分，即連在野的官僚候補生都受到彈壓。另外，他還削減全國生員名額數量，推動廢絕各地批判政府之場域的書院（民間講學場所），意圖完全封殺聚集於該處的生員、知識分子的言論。

集絕大權力於一身的張居正，著手重建財政。一方面，在各個面向致力節省經費。另一方面，首先實行滯納稅的強制徵收。由於「有司以徵解為殿最」（官僚以徵收、輸送稅賦為勤務考核標準）（《明史紀事本末》卷六十一，〈江陵柄政〉），被考成法要求完成工作定額的地方官僚強硬地收稅，讓農民苦不堪言。對此，張居正卻高談納稅是人民的義務，絲毫不以為意。

又，萬曆六年（一五七八年）至八年，在全國各地進行「丈量」（檢地），揭露鄉紳、地主隱蔽田產並查清面積、所有名義，以確保稅賦增收及課稅公正。根據《明史．食貨志》，全國耕地面積為七百多萬頃，比弘治年間增加了大約三百萬頃。國庫儲藏十年份糧食及四百多萬兩白銀，慢性財源不足也轉而回復。

張居正改革的用意

張居正據說是秦始皇、明太祖朱元璋的信奉者。眾人皆知，相對於秦始皇信奉法家，朱元璋說到底還是信奉儒家。自漢代將儒教國教化以降，皇帝、官僚皆受到五六頁（圖8）所示儒教理念世界之制約，在其框架中行動。現實世界的皇帝，即便只是說說場面話也要主張德治，即因如此。這是法家—秦始皇與儒家—朱元璋之間的巨大差異。

認為張居正係兩人的信奉者，多半是由於他們所推進的、由國家主導的強權改革。張居正本人和朱元璋一樣，並不是法家。他以帝師身分不厭其煩地教授聖人教誨，透過經筵（在皇帝面前講授經書的儀禮）或日講（每日御前授課）實施儒學教育等事，亦能反映這一點。其所實施的考成法等嚴格統制政策，不過是徹底追求前述〔圖8〕中現實世界的國家「支配的理論」，這樣的做法與朱元璋並無二致。

只不過，即便如此，張居正和朱元璋之間不只是在身分上有宰相與皇帝的差異，政策面向上亦有差距。那就是在兩百年時代差距下，所產生的國家、社會相關關係變化。原本，朱元璋政策的主要目標，是固定上下身分序列、每個人各盡本分，以維持他律型儒教秩序。不論是官僚或是地主，若是超出本分便會遭到毫不留情地彈壓，處以沒收土地、財產的極刑。

另一方面，張居正在丈量之後，將以往各地獨自施行的一條鞭法推行至全國。所謂的一條鞭法，係將稅糧、徭役各自統一而以銀徵收，可說是在明末里甲制無法成立、課稅對象由戶移往田土（人丁）過程下，應運而生的新稅法。張居正實施此法之際，幾乎沒有以強權彈壓地主、暴力沒收土地。亦即，一條鞭法以地主擁有大片土地為前提，最大的目標就是確定土地名義而安定地徵收稅收。

張居正的政策，並不是像明初那樣強硬地將國家控制塞進社會，壓抑地主而實現農民之間的平均分地。明朝已經沒有實行此般措施的國力，還不如配合社會實情來採用最適當的方法。儘管國家政治立場如此轉變，仍因為由國家主導強權政策牴觸了既得利益，而出現以官僚、鄉紳、地主階層為核心，對改革的頑強抵抗。想獲取全盤社會支持，畢竟還是太過於國家本位的想法。最後，萬曆改革在張居正強烈個性下成為可能，亦在其死後立刻出現反作用力。

明朝毀滅於萬曆

萬曆十年（一五八二年）六月，張居正一過世，恐懼於其權威而委靡的官僚們便一口氣爆發出不滿。之前張居正在父親過世時並未回鄉服喪，就此留任大學士一職，乃因擔心改革中斷。反對派指責此舉有違孝道、大肆攻

圖 36　萬曆皇帝

擊，卻反遭廷杖之刑，批判聲浪也被壓抑，此即所謂的「奪情起復」問題。張居正死後，反對派又重新提起此問題，對其提出非難，企圖以此為契機刪除改革的主要內容。擺脫壓制的萬曆帝也和反對派同調，對張居正處以剝奪官爵、沒收家產，並將其家人流放邊疆等嚴苛處置。也因如此，好不容易好轉的明朝財政，又再度急轉直下。

促使財政惡化的，是萬曆皇帝放縱的奢靡行徑。他本就天性浪費，也有一部分是對張居正時代禁欲生活的反抗，遂順從欲望而如流水一般花費國庫中的銀兩。光是自己的陵墓（北京郊外「明十三陵」中，公開地下宮殿的定陵）建設費即耗資銀八百萬兩，與愛妃所生福王的婚禮費亦超過定額十倍達三十萬兩。更甚者，不惜重資購買後宮日常用品或衣服，幾乎是恬不知恥。宮廷費如此增加之下，為國家財政帶來壓迫，自不待言。

使此般財政狀況更為雪上加霜的，即是紫禁城三殿（皇極殿、中極殿、建極殿）燒毀，以及明邊境、周圍地區接連爆發戰亂。包括萬曆二十年（一五九二年）二月，寧夏的蒙古人將軍哱拜叛亂，同年四月開始，日本的豐臣秀吉侵略朝鮮（後述），二十五年貴州土司（授予少數民族首長之官職）楊應龍叛亂等。相對於太倉銀庫歲入銀量約四百萬兩，鎮壓這些亂事的軍事行動、世稱「萬曆三大征」，即耗費歲入近三倍、約一千萬兩以上的軍事費用。這對明朝國力可謂是決定性的耗損。

皇帝的浪費無度、龐大的軍事費用，到最後還是由民眾負擔。朝廷一方面命令開發礦山以獲取白銀，另一方面也著眼於商品流通過程中增加徵收商稅，而派遣徵稅太監到全國各地。然而，這些太監動輒以某地有銀脈為藉口強制逼走都市居民，或以權力為後盾徵收不法商稅等，製造弊害獲稱「礦稅之禍」，令社會上怨聲載道。因此，各都市頻繁爆發反宦官暴動民變。暴動者以手工業者、商人等庶民階層為中心，也加上生員等知識分子。

同一時期，華中、華南農村抗租風潮逐漸擴大，佃農不繳交佃租的鬥爭逐漸明顯化。無論在都市或是農村，此前甘於下位者本分的民眾，開始貫徹自我主張、訴諸實行。在此社會狀態下，萬曆皇帝完全沒有表現出政治意圖，在其四十八年漫長統治期間，後半期幾乎都在後宮閉門不出，實行消極怠工。《明史》評語指出「明之亡，實亡於神宗」，若是考慮到皇帝的毫無對策及朝野混亂，可說是恰如其分。

二、流動化的社會

地方的時代

相較於明初，明末此一時代中，地方相當受到注目。這個時期，稱為鄉紳或紳士的支配階層，在地方政治扮演了重要角色。

所謂的鄉紳，是不論現任、待職或退官，凡有官僚經驗者，鄉里皆稱之為鄉紳。明末由於商品經濟發達、交通及情報網絡整備，使得地方生活環境獲得提升，官僚與鄉里的結合亦比之前更為增強。科舉合格的進士及舉人、地方學校生員等士人也滯留於地方社會，特別是生員，據說明末全國不少於五十萬人。他們居住於地方的都市或市鎮，積極介入地方政治，即是明末的特徵。

官僚即使退職後也在鄉里具備影響力，追根究柢是來自於科舉制度之虛構性。原本科舉就是要選拔有德之士為官，故而科舉合格者全都被預設為人格能力的保持者，即便退官後也沒有改變。他們因具有官僚經驗而和地方官僚有同等地位，而且之前的職位、地位可能還高於地方官。此外，舉人、生員也因為科舉體制的聯繫，而能獲得與鄉紳相當的社會地位。

在此威信之下，鄉紳在地方社會發揮了正面、負面作用。正面作用部分，對於一縣公事，鄉紳們在城隍廟等地召開鄉紳會議、檢視縣內行政，或是生員們在學校召開生員會議，並向地方官提出這些會議的決定事項，使其修正軌道。他們也代言地方社會的公議、公論，若遭地方官拒絕，則可能發生生員因義憤而暴動的士變。對於此般由鄉紳、紳士主導並拉入地方官的政治運作，亦有人視為中國地方自治之先例。

另一方面，負面作用部分，他們可能以自身勢力為後盾而從事土地兼併或不法行為，對地方社會造成莫大弊害。特別是即便鄉紳行為專橫，地方官礙於其威勢也無法指正，經常視而不見，這在當時稱為「鄉紳之橫」。有的鄉紳不只支配自家佃戶，也管理周邊農民，過去也有人視此鄉紳支配為不同於西歐或日本，係中國獨有的封建領主制。

體制的危機

明末的地方社會，在民眾之中也產生了新動向。如同前述，他們萌生出對共通利益的自覺，頻頻爆發抗租或民變。特別是在都市，在商工業發達的背景下，從事新興諸產業的雇用勞動者及商人等、稱為「市民」或「市人」之都市居民階層擴大，亦因反抗「鄉紳之橫」而燒毀鄉紳宅邸。不過，並不是所有的鄉紳都成為攻擊對象。例如萬曆十年（一五八二年）因都市徭役發生市民與鄉紳對立的杭州民變，民眾沒有加害對其表示理解的鄉紳，採取有秩序的行動。這反映出他們的不滿所向何處，饒富興味。

對於抗租、民變，比起將之視為獨立事態，更有必要了解將其包括在內的社會全體地殼變動。十六世紀之初以降逐漸鬆動的種種秩序，不只影響發起抗租或民變的階級（階層），而是影響到五六頁〔圖8〕中包括各個層級秩序在內的多類人際關係。許多明末的地方志均指出，下位者以下犯上的行為，在萬曆年間已是蔚為風潮。

原本在儒教的理論中，人們各得其所、各守其分，藉此維持各自所屬集團之整體秩序。無論是上位者或下位者，各自都有應盡的本分，並不是只有下位者被要求盡本分。當然，上位者（最高上位者為國家）為了維持秩序而強制下位者遵守本分，下位者亦甘於接受此要求。家族道德中所強調的，是子弟對父兄的孝悌，而不是父兄對子弟之慈良。家族、宗族、鄉黨各集團內部的上下秩序層層累積之下，便可望天下安定。《大學》中所謂的「修身、齊家、治國、平天下」，正是這個意思。

中國社會在維持全體秩序中意圖保障各自身分，傳統上對下位者強加了一定程度的負擔。下位者本身視此為理所當然，國家（為政者）也會透過教化不斷地對下位者灌輸此類意識。特別是以力量及強權成立的明初體制，如同里甲制和「六諭」所象徵的，透過強制實行貫徹到各個角落的本分而使上下身分序列固定化。

然而，里甲制崩壞、加以戶籍制度崩壞伴隨而來的社會流動性擴大，或是商品經濟發展導致的生活環境變化，必然會動搖支撐明初體制的傳統價值觀或既有秩序。至今一直被強加負擔的下位者，亦開始對現狀產生懷疑，自然而然地萌生對不守本分上位者的批判精神。

因此，不管是地主也好、年長者也好，甚至是官僚也罷，原本這些上位者們安坐於傳統秩序上，如今其專橫行徑卻引起反抗，民間亦逐漸產生否定權威的氛圍。秩序動搖、社會風紀弛緩帶來道德衰退，社會生活各個面向紛紛出現摩擦，使得訴訟糾紛一口氣增加。令明末地方志編纂者感嘆的，正是此般傳統秩序動搖導致體制瀕臨崩壞危機、社會陷入動盪不安的不穩實態。

士庶的混淆

必須注意的是，所謂的秩序動搖，並不能完全只用「上位者逸脫本分、下位者反抗」此一對立圖式來解釋。社會經濟的發展，在某一層面上也造成了上位者與下位者分界模糊。清楚顯示此事的，即是以往將中國社會分為上下兩層的「士庶之別」趨於崩解。

原本從生活在儒教世界的士人來看，欠缺儒教教養、沒有學問的庶民只不過是受統治的對象。士人所謂的文化是高雅的儒教文化，相異於此的庶民文化卑俗且下賤、稱不上是文化。到了明末，高雅的士人世界與通俗的庶民世界開始彼此靠近。

明朝末年從海外流入大量白銀、景氣大好，使得出版熱潮空前繁盛，各式各樣的書籍以營利為目的而刊行。不只是傳統經書（儒教相關書籍）或史書，加上舉業書（科舉的模範答案集）、日用類書（百科全書）、路程書（交通指南書）等實用類書籍，娛樂用的小說類亦不分長篇短篇地接連出版。過去只存在於講談或演劇中的《三國演義》、《水滸傳》、《西遊記》等，都在明末完成白話小說。

圖 37　明版《西遊記》插畫

出版熱潮的背景，存在著庶民上升、士人下降的士庶混淆現象。在明末，以商人等市民階層為中心的識字者增加，對書籍的需求亦大幅提升。他們不只購買實用書或娛樂用書，也有人因為憧憬士人或有意上升至士人階層而購買經書、史書。相對地，士人熟悉科舉參考書的舉業書等俗書，也開始喜歡閱讀此前不屑一顧、視為卑下的白話小說。庶民階層文化程度上升的同時，士人階層亦確實下降化、庶民化。

事實上，支持前述營利目的出版業的，大多具有士人身分、特別是下層士人階層。揚名明末出版界的馮夢龍、陳繼儒等人，均具有貢生（生員中的國子監入學生）或生員資格，只是未在科舉考試中合格（馮夢龍曾以貢生身分短暫擔任壽寧縣知縣）。也就是說，他們處在第一章所述官—民、士—庶秩序的灰色地帶，亦即舉人、監生、生員等不是官員身分的人民、但又不是庶民的士人滯留在社會中，其中一部分在明末明顯地庶人化。當時正好捐納也一般化，只要有錢（實際上是米）就能購買學位或資格，同樣促進了士庶混淆。

實際來看，士人的庶民化是捨棄了原本知識道德指導者的立場，在世俗中尋求餬口之道。他們放棄科舉而專心於出版業或著述業，以詩文書畫才能成為高級官僚的食客，或是擔任中央高官、地方長官之幕僚，有時在政治檯面下代替官僚策畫陰謀方策、暗中活躍。當時社會上稱呼這些背離士人正道的知識分子為「山人」，萬曆年間山人橫行甚至成為政治問題，而在首都經常進行取締。

追根究柢，將知識當作販賣商品的職業知識人出現，在某個面向上使士人身分變得相對化。科舉在重視營利的民間成為選項之一，還出現商人比士人更受尊重的風氣。當時，同時具有士人、商人身分者並不稀奇。明末的社會流動化、價值多樣化，致使傳統士農工商四民秩序的內容產生變質。

聯繫的位相

在不踏實、不安定的時代中，人們總是追求聯繫人與人的羈絆，亦即社會紐帶。即便是明末，人們為了在競爭社會中生存下來，結成各式各樣的人際關係，試圖逃脫苦境。因重稅無法喘息的農民，將土地寄託予有優免特權的鄉紳，盡可能想免除徭役（稱為詭寄）；或者是乾脆離農，放棄土地而投身鄉紳等有力者門下為奴僕（稱為投靠），尋求其庇護。對現實感到失望者，不少人加入白蓮教，以同伴間的聯繫獲取精神上的充實。另外，大都市中的同鄉、同業商工業者，流行打造相互扶助或親睦的會館、公會等場所。

宗族結合的進展，也和當時的社會狀況有關。所謂的宗族，指的是父系同族集團。明末之際，以華中、華南地區為中心，宗族組織化急速發展。地方宗族在鄉紳、紳士階層主導下設置族田等共有財產，並制定宗法（宗族規則）。宗族內部相互扶助，另一方面也透過祠堂（祭祀祖先的建築）祭祀、種種親睦禮儀獎勵儒教道德，試圖約束自家人「親親」（親近親族）、亦即一族的團結。

此一時期盛行「鄉約」，也絕非偶然。鄉約指的是鄉黨中以實踐道德、相互扶助為目的的規約，或是以此為目標之組織。最早始於北宋呂大鈞「呂氏鄉約」，而後經南宋朱子補訂、賦予權威而大為普及。鄉約以「德業相勸、過失相規、禮俗相交、患難相恤」為四大綱領，由約正、約副主持每個月的集會，確認以儒教道德為基礎的社會規範學習狀況，以及相互扶助。特別是在嘉靖以降的明末時期，除了「呂氏鄉約」以外，洪武帝所定「六諭」也受到重視。

鄉約的構成人員包括士民雙方，可以視為由鄉紳、紳士階層重建里甲制崩壞後的鄉村秩序。對他們而言，編成鄉約是自己聯繫國家與社會的責任，並將其當作宗族結合之延長。原本《大學》中，在「修身、齊家」和「治國、平天下」之間，即由鄉黨的士人對民眾進行救濟、教化（參見五六頁〔圖8〕）。明末的鄉約係由住在地方的鄉紳、紳士站在社會立場，而自律地進行營運。

同樣的現象，也在都市出現。萬曆年間以降，都市的鄉紳、名士們為了從事親睦、慈善活動而組織名為「善會」的團體，並設立「善堂」設施，進行社會福利活動。他們從事救濟貧民、埋葬死者、援助無依孤老寡婦、收容孤兒等各式各樣的「善舉」，以圖地域秩序安定。

不過，都市的鄉紳、名士們也不是毫無區別地進行救濟。他們優先幫助孝子、節婦等儒教道德實踐者，反映出其慈善活動的主要意義，係對民眾的教化、教導。明末流傳教化民眾的勸善書籍「善書」，編纂者士人階層的意圖亦和「善會」一樣。宗族、鄉約、善會、善書等明末各種活動的共通點，即是反映出人們在各式各樣位相上對聯繫與道德有所期待，並從社會一方自律地追求之。這和明初規畫的他律型儒教國家可說是大相逕庭。

生生與萬物一體

在社會出現上述動向的同時，也必須注意，當時思想界對「生生」觀念的狂熱支持。所謂的「生生」，出自《易經》「天地之大德曰生」、「生生之謂易」，意謂著天地之氣（陰陽）活躍、活動之下，漸次孕育出萬物。人類也同樣孕育自天地之氣，故而和萬物一體，與草木、鳥獸同氣而無區別。從尋求聯繫的觀點來說，人以宗族親睦、對貧者施行慈善，整體而言，跟以萬物為一體的天地運行是相通的。

最明顯體現此一思潮的，是陽明學。相對於朱子學窮盡外在事物之理（讀書窮理）而陶冶人格，陽明學主張理、亦即良知存在於個人內在本心（心即理），以此良知來理解事物。其所說的良知，並非如朱子學透過修養來獲得，而是指人生來便存於內心的先天道德知覺（五倫、五常）。因此，與天地萬物一體也不是有意為之，而是內在衝動的心中仁心所自行發揮。此即「萬物一體之仁」。

相對於朱子學的綱領是「聖人可學而至」，陽明學則認為良知是天賜予人類之物，人的聖人性根據存於未被外在知識或道德薰染的無垢心中。並且，那樣的心（良知）不只屬於具備儒教教養的知識分子，即便是無知無學的庶民亦同樣擁有。藉此，聖人之道一口氣邁向大眾化。表述陽明學人類觀、聖人觀的名言「滿街人都是聖人」（《傳習錄》卷下），充分說明其學說之庶民性。

「生生」或「萬物一體」觀念之所以廣受宣傳，原本係因人們對當時流動且不安定之社會氛圍共同抱持危機感，故而以此尋求人們相互的羈絆。不同於朱子學以個人「居敬窮理」（修養心性而闡明道理），陽明學透過討論會等講學活動互相切磋琢磨，也是反映人們尋求彼此聯繫的風潮。講學活動亦有許多庶民階層參與，討論熱烈且活躍。就道德的平等性而言，士庶之間並無差異。

實際上，陽明學信奉者之中，除了知識分子，還包括商人、鹽業勞動者、樵夫、工匠等各類庶民。王陽明高徒之一王心齋（名為艮）即出身鹽丁，其後以泰州學派創始人聞名。向來由知識分子獨占的儒教擴大至庶民階層，一方面是從朱子學到陽明學之思想轉換，另一方面也意味著高雅士人世界的聖學儒教走向世俗化。士庶混淆，也出現在學術領域中。

若是論及陽明學是否為純粹庶民思想，也並不是如此。王陽明的目標是確立儒教道德五倫（父子有親、長幼有序、夫婦有別、君臣有義、朋友有信），以及五常（仁、義、禮、智、信），並期望讓這些道德重新扎根於下位者庶民的意識中。從王陽明在南贛巡撫任內實施鄉約、宣揚上下本分一事，即可知其和朱子學一樣堅持傳統身分秩序。

名教的罪人

王陽明過世後，陽明學派大為分裂成左、右派。右派與朱子學一樣追求修養，左派的中心泰州學派則更加強唯心傾向，主張將全部信賴託付於心（良知）、良知是超越善惡的「無善無惡」絕對存在、賦予萬民「不學不慮」的「赤子之心」。在此學派最終局面中登場的，是獲稱「古今未曾出現的激進思想家」、「儒教叛逆者」的李卓吾（本名李贄，一五二七—一六〇二年）。

李卓吾原本是出身福建省泉州的穆斯林，以舉人資格歷任縣學教諭、地方官之後，五十五歲退官、專心著述，趁著出版熱潮而刊行著作、批評論集、編纂書籍共一百多種。他的真正價值，是發展良知學說而提出「童心說」主張。所謂的童心，指的是還未受困於知識或固有習慣的純粹真心。極端地說，對他而言，孔子學說、六經都只是蒙蔽童心的障礙。他也徹底地批評，失去童心者則一切都是虛假、並非真實。

李卓吾特別抨擊已經形式化的朱子學，批判讀書窮理手法。他認為，那樣的鑽研學問正是消滅童心之舉，並批評標榜五倫五常卻毫無實體的官僚、知識分子、道學先生，將其人的價值觀或既有秩序全盤否定為偽善。這些主張完全顛覆當時的秩序，反映出下位者對上位者的不滿，因而其著作在各階層之間廣為流傳。

圖 38　李卓吾

李氏對傳統價值觀的反抗，亦體現於對歷史人物、文學之評價。過去被儒學者貶低的秦始皇、侍奉五代「四朝十二君」的無節操宰相馮道，被他重新評價為對民生安定、國家富強有所貢獻者。女帝武則天亦不例外。文學方面，他從重視「童心」的立場，認為記述人自然心情或欲望的白話小說才是真實，而給予《西廂記》、《西遊記》、《水滸傳》等小說「古今至文」的高度評價。

他的名言是「穿衣吃飯，即是人倫物理」（《焚書》卷一，〈答鄧石陽〉）。相對於朱子學主張「存天理，滅人欲」而極度要求嚴格主義（rigolistic）的禁欲，李卓吾視欲望為人類本質，將其定位於心中。對於他如此以良知肯定欲望、天理不應毀滅人欲的危險思想，為政者不可能沒有危機感。

高傲、偏執且過度潔癖的李卓吾，剃去頭髮而如僧人的外表本身，就已招致護持體制派的反感。他被罵為「異端」、「人妖」，所到之處都是批判與壓力，後於逃亡處北京近郊通州被捕，最終在獄中自殺，享年七十六歲。他的著述、印刷版木全被燒毀，到了清代還被列為禁書，他自己也被論罪為「名教（儒教）罪人」。

一般認為，從朱子學移往陽明學，是內在主義（internalism）的展開。走在內在主義最前方的，即是李卓吾。他從內部徹底批判儒教權威，暫且不論其思想是否具備近代性，至少可說確實是在商品經濟發達的明末文化、社會鼎盛期，或說是秩序動搖期下，所應運而生的思想。然而，當內在主義的徹底化牴觸了既有秩序或價值觀時，便會遭到壓抑，而由朱子學再度穩固地位、復活傳統秩序。自律發展而來的中國社會，至此又再一次受到國家高牆阻擋。

三、變化的東亞

東西的邂逅

十六世紀後半海禁鬆弛下，基於國家未參與的社會供需關係，越來越多外國白銀流入中國。當時，美洲新大陸和日本等地出產世界一半以上的白銀，前者的白銀經歐洲之東向路線及橫跨太平洋之西向路線流入中國。後者的日本銀由往來長崎、澳門之間的葡萄牙人或走私貿易者輸入中國，一六〇〇年前後總額約一年五十至八十噸，約占外國白銀流入中國總額的半數。明朝對外方針雖未轉為開放政策，從結果而言，明朝卻確實以白銀為媒介而

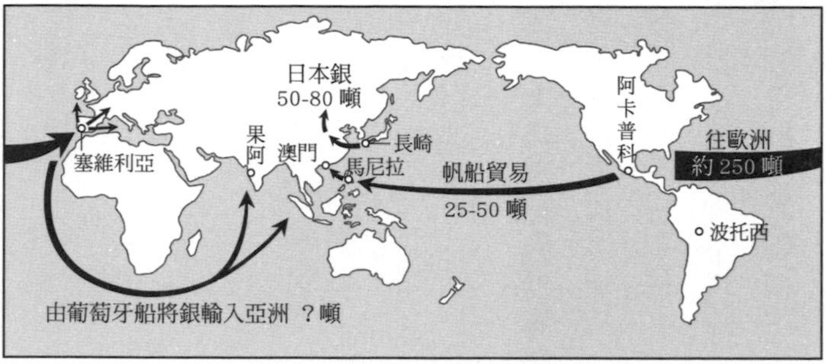

圖 39　1600 年前後銀的移動

被編入世界經濟網絡之中。

以全球規模流入東亞的，不只有白銀。從美洲新大陸傳入番薯、玉米、菸草、落花生等新作物，對中國社會的糧食狀況、生活環境產生巨大影響。同時，也從歐洲傳入最新科學知識、技術。由於天主教抗衡宗教改革而被派遣到東亞的傳教士們，首先抵達日本，其後稍晚在十六世紀後半進入中國。張居正去世的一五八二年（萬曆十年），著名的馬泰奧・里奇（Matteo Ricci，中文名為利瑪竇）登陸中國。他在地方學會中文後上京，獲得萬曆帝准許傳教，而在北京度過餘生。其相當熱心地投入介紹歐洲文化。

利瑪竇撰寫說明基督宗教教理的《天主實義》、世界地圖《坤輿萬國全圖》，亦和成為信徒、後來當上內閣大學士的徐光啟等人共同翻譯

圖 40　《坤輿萬國全圖》

歐幾里得幾何學之《幾何原本》等書。特別是《坤輿萬國全圖》，對當時的東亞社會帶來莫大衝擊，除中國之外，亦傳入周圍的朝鮮、日本，出現各式各樣的不同版本。又，徐光啟於利瑪竇過世後，在其後繼者亞當·沙爾（Adam Schall，中文名為湯若望）協助下，編纂應用西洋曆法的《崇禎曆書》。不過，後來明朝滅亡，此曆法由清朝頒行。這是中國最後的太陰太陽曆，亦即一般所說的時憲曆。此外，徐光啟著作中國農書集大成的《農政全書》，其中也介紹西洋農業技術。

西洋傳入的科學技術之中，影響東亞諸國最大的，即是大砲、步槍等火器。十六、十七世紀被稱為世界的「軍事革命」時代，由於火器技術大為進步，使得軍事組織、戰略，甚至是戰爭型態都產生變化。在東亞，西洋火器成為支持集權國家權力的工具，各國競相引進、改良。若說擁有多少火器即左右國家消長，一點也不為過。接著，希望稍微談一談火器的歷史。

火器的傳播

中國發明的火器，在蒙古時代傳入西亞、西洋，經過獨自發展後，在十六世紀傳回中國。當然，在此期間，中國也發展火器，明初對蒙古作戰、永樂帝出兵越南之際都曾利用，鄭和艦隊亦裝備大量火器而展開示威航海。永樂帝所設中央守備軍（京營）的三大營（三千營、五軍營、神機營）之中，神機營為世界最早的火器專門特殊部隊，永樂帝親征蒙古時也隨行在側。當時，中國仍然是火器的先進國家。

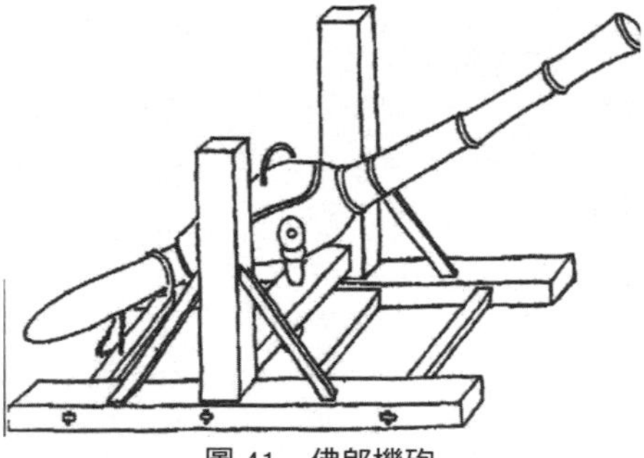

圖 41　佛郎機砲

但是，自永樂帝以降，明朝政策轉為內向，火器的進展也趨於停滯。相對於此，西洋社會開發新式火器有所進展，到了十六世紀東西立場完全逆轉。西洋式火器中的大砲，在嘉靖元年（一五二二年）明朝將葡萄牙勢力逐出廣州灣之際傳入中國。此時沒收的大砲不同於中國製品，是子砲嵌入母砲的兩段式後裝砲，不僅堅固、可以連續發射，命中率亦相當高。明朝稱此為佛郎機砲，隔年開始自行製造。

另一方面，西洋式步槍也是由葡萄牙人傳入，但無法在中國自行製造，而是後來經過戰國時代的日本改良為火繩槍（鐵砲），再透過倭寇傳入中國。明朝稱此為鳥槍、鳥嘴槍，命名理由有各種說法，包括其命中率高到連飛鳥都能擊落，或是外型近似鳥嘴。無論如何，明朝以上述西洋火器為原型、製造各式槍砲，邊境守備軍積極地導入使用。

其中，致力導入火器的，包括以討伐倭寇聞名的名將戚繼光（？—一五八七年）。當時盛行募兵制，武將組織從小培養的家丁（私兵）來作戰。戚繼光率領浙江出身而勇猛果敢的家丁「戚家軍」，在南北邊境作戰，並著作《紀效新書》及《練兵實紀》等兵法書，指出火器的重要性。負責邊境防備的指揮官都以火器武裝其私兵軍團，例如率領「俞家軍」與倭寇作戰的俞大猷、主張月港開港的譚綸，以及撰寫《皇明四夷考》的鄭曉。

一直要到後述的十六世紀末豐臣秀吉侵略朝鮮時，明朝火器才再度發生變化。當時明軍從俘虜的日本士兵處獲得新式鐵砲，將以往的鑄銅製改為日本式的鍛鐵製，而成功強化鳥槍的持久性。明朝亦以日本兵為兵力，應用於防備遼東女真或鎮壓西南地區少數民族叛亂。朝鮮亦從投降的日本兵（降倭）學習火藥、槍砲的製造技術，或直接從日本輸入新式火器，到了十七世紀已經擁有為數不少的槍砲。這些情況可以說是軍事革命席捲整個東亞地區的證明。

商業、軍事勢力的出現

與活躍於東南地區的戚繼光齊名的東北之雄李成梁（一五二六—一六一五年），祖先可能是朝鮮人或女真人，隆慶四年（一五七〇年）為防備北虜蒙古、東夷女真而在廣寧（遼寧省）擔任遼東總兵。此後，除了十年的沒落期間外，一共擔任將近三十年的遼東總兵，因「邊帥武功之盛，兩百年來所未有」（《明史・李成梁傳》）而獲封寧遠伯。他的軍團李家軍由漢人、蒙古人、女真人、朝鮮人等組成，可謂邊境的華夷混雜集團。

李成梁的集團，是坐擁家丁數千人的半獨立巨大軍閥。除了獨占馬市收入、商稅及鹽稅等，每年還侵占投入北邊軍費的銀兩、軍事物資，藉以維持自己的勢力。他為了保全己身地位，大肆賄賂中央要員、虛報戰果而領取恩賞，使用各種小手段獲得皇帝信賴。因此，其子弟、一門紛紛當上高級武官，家丁亦獲拔擢至要職。可以說，從遼東到河北北部一帶都在他控制之下。

邊境交易熱潮，也在邊境外部產生自立勢力。當時，東北地區的女真分為海西、建州、野人三部（參見二三九頁〔圖45〕），各部領導獲得明朝封為都督或指揮使而組織羈縻衛。他們定期向北京朝貢而接受朝貢貿易的恩惠，另一方面亦在開原、撫順、廣寧等地的馬市從事貂皮、朝鮮人參交易。透過這樣的交易，建州部努爾哈赤（一五五九—一六二六年，後來的清太祖）嶄露頭角。他和李成梁之間建立起互相支持的關係，在其庇護下逐漸擴張勢力。清朝興起於邊外商業、軍事集團一事，相當值得注意。

商業與軍事密不可分的自立集團不只出現在北邊，也存於東南沿海地區，堪為代表的是以福建南部為根據地的鄭芝龍（一六〇四—一六六一年）。他的崛起，係透過控制福建、臺灣周邊的海上交通，並和在臺南建立據點的荷蘭人聯手，從事貿易及海盜活動。即使在崇禎元年（一六二八年）向明朝投降而擔任海防遊擊，鄭芝龍亦兼任官、商、盜而展開海上活動。他能通閩南語（福建南部方言）、日語、葡萄牙語、荷蘭語等多種語言，可說是體現了華夷混雜的邊境人。其子國姓爺鄭成功出身日中混血，也顯示出鄭氏軍團的性格。

李成梁、努爾哈赤、鄭芝龍等各個集團，全部都是產生於明末邊境地帶的華夷混雜自立勢力。前二者成長於朝廷投入大量銀兩的北邊，後者崛起於白銀流入之沿海地區。最終勝利者當然是努爾哈赤的後繼者們。不過，早在此之前，和他們同樣是強大商業、軍事勢力的同質集團出現在白銀流出的東方海域，而非白銀流入的中國邊境。那股勢力統一國內、達成集權化之後，便將注意力轉向國外，莽撞地挑戰以明朝為中心的國際秩序。此即是豐臣秀吉的出兵朝鮮。

秀吉的爭霸天下

文祿元年（一五九二年）四月，豐臣秀吉趁著統一國內的餘威，率領十六萬大軍實行「入唐」（文祿之役，朝鮮稱為壬申倭亂）。從以前就表明征服明朝之意的秀吉，要求朝鮮擔任「征明嚮導」（征服明朝的前導）卻遭拒絕，一怒之下便強行攻打朝鮮。不過，秀吉雖然屢屢公開表明要征服明朝，卻從未提及征服之後的統治計畫。暫且不提朝鮮，他對明朝的計畫，會不會其實只有令其割讓領土、成為朝貢國，以復活日明貿易等的程度呢？

然而，初戰大捷使得秀吉的想法產生變化。他在肥前名護屋城接到攻陷漢城（首爾）報告後，終於發表征服明朝之後的宏偉藍圖。計畫的概要是：一、將後陽成天皇移往北京；二、以外甥豐臣秀次擔任中國的關白；三、在日本另立別的天皇與關白；四、在朝鮮設置留守居役（譯注：主人外出時看守家中的職位）；五、太閤（秀吉自己）定居於寧波。在尚未與明交戰的階段，秀吉的野心便已擴大到誇大幻想程度。

秀吉描繪的藍圖，是將日本國內京都的天子（天皇）與大阪天下人（秀吉）之關係照原樣移至北京與寧波，也要征服東南亞及天竺（印度），而建設以寧波為中心的大交易圈。但是，在出兵之前、攻略朝鮮等時刻，必須了解某件與秀吉構想大為不同之事。

當初秀吉統一日本天下後，打算侵略朝鮮、明朝以擴充日本為中心的「小天下」。其基礎位於日本，朝鮮、明朝不過是日本的邊緣。不過，他構想遷都北京之際，基礎移往中國，使得日本本身反而成為邊緣。也就是說，他的計畫從擴大以日本為中心的小天下，變更為奪取以中國為中心之「大天下」。秀吉的夢想，膨脹為當上大天下的天下人（皇帝）。

實際上，這個計畫最早頗為具有現實意味。使用槍砲的日本軍勢如破竹，五月攻陷首爾、六月奪取平壤。朝鮮首都陷落後國王與王子都被俘虜，對日本而言可說是戰況順利。然而，在朝鮮一方要求下，宗主國明朝派來軍隊，使得戰況出現變化。文祿二年（明萬曆二十一年）正月，遼東軍閥李如松（李成梁的長子）率領三萬士兵打敗平壤的小西行長的軍隊。明軍雖有意趁勢奪回首爾而持續進擊，但在碧蹄館大敗下，李如松完全失去戰意。

另一方面，此時的日本方，亦在朝鮮全土義兵抵抗、李舜臣等朝鮮水軍頑強攻擊下，失去過往的威勢。由此，明朝與日本之間出現議和的機會，經過一番曲折後，同年五月明朝使節抵達秀吉所在的名護屋。以為明朝是來請降的秀吉，對明朝使節提出：一、明朝皇女下嫁；二、重開日明貿易；三、割讓朝鮮南部；四、以朝鮮王子為人質等無理要求。這對明朝而言完全無法接受，便對其要求置之不理。

不過，在此之際，秀吉一方也做出一定程度的讓步。亦即撤下此前提出的奪取大天下計畫，回歸擴充日本小天下的原點。這是衡量現實後所下的判斷，從秀吉的立場來看，唯獨重開日明貿易、割讓朝鮮南部是為了守住入唐正當理由而不能退讓的最後一線。實現這兩點要求，也成為秀吉在世的悲壯決心。然而，若從另外的角度來看，在這個時間點，秀吉已經自行放棄成為努爾哈赤的機會。

談和的內幕

實際負責日明和平交涉的，是明朝遊擊將軍沈惟敬與小西行長。沈惟敬原本是出身街上的無賴，由於通曉日本情報而獲兵部尚書石星提拔，獲得遊擊頭銜並被派至前線。另一方的行長出身堺市商家，亦是了解世故的現實派，兩人共同從利害觀點追求盡早談和。他們以俺答汗的封貢為範例，提出冊封秀吉為日本國王而行臣下之禮、認可朝貢貿易而給予經濟利益，如此便能實現日明雙方平手的和議。

其實，前述派往名護屋的明朝使節是前線的獨斷處置，與此同時，行長亦派遣手下內藤如安（小西飛驒守，中國史料記為小西飛）假意為使節，前往北京。和議遲遲沒有進展下，行長甚至與沈惟敬共謀，假造秀吉投降文書「關白降表」，表達秀吉向明朝謝罪、尋求封貢的「恭順之心」。

萬曆二十二年（一五九四年）二月這份降表送抵北京後，在明朝朝廷內部掀起封貢與否的論戰。雖然大多數意見認為不能封貢，但在贊成派的壓力、朝鮮請求冊封秀吉之下，最後在同年十二月詢問內藤如安，決定冊封。此際，內藤承諾：一、日本軍全面撤退；二、冊封之外不再要求朝貢貿易或互市；三、與朝鮮修好而不再侵犯之等三項誓約。但是秀吉對此完全不知情。

雖然最終明朝只認可冊封而拒絕通貢，不過萬曆帝似乎連對這樣的處置都不太情願。禮部揣摩皇帝心意下，最初提議賜予秀吉的王號不是日本國王，而是意味著「順應天子德化」的順化王。這類顯示夷狄德化的王號，一般都是授予精悍粗暴的北狄、西戎，像是北虜俺答汗便受封為順義王。禮部的做法是將秀吉視為最大的倭寇、和俺答汗並列，最後在萬曆帝決斷之下，還是冊封秀吉為日本國王。

然而，若只是進行普通冊封可能還是不夠，明朝遂在冊封物品上下足功夫。隔年從北京出發的冊封使節，除了冊封通知書勅諭，還帶著誥命（任命書）、金印、冠服。其中的冠服，是比賜給足利義滿之九章冕服低一級的皮弁冠服（參見九七頁）。萬曆帝的意思，似乎是對造成明朝莫大損害的東夷秀吉略表懲戒之意。

文祿五年（一五九六年）九月，冊封史楊方亭、沈惟敬等人在大阪城謁見秀吉，順利地進行冊封儀式。雖然不確定秀吉是否知道明朝的意思，但他仍是穿上明朝冠服、高呼萬歲，心情相當好。以德川家康為首的各個大名亦獲得都督或都督同知等武官職位，還受賜冠服。秀吉連同諸位大名接受明朝冊封，很可能是利用明朝權威約束入唐失敗之下產生動搖的國內支配秩序。其後人慎重地保存勅諭、誥命，也從旁佐證此事。

儘管如此，秀吉在了解到自己的要求除了冊封全遭拒絕後，斷然實行了第二次出兵（慶長之役，丁酉倭亂）。大失顏面而被激怒的他，憤怒的矛頭指向朝鮮而非明朝。而且由於此次出兵帶有制裁朝鮮的意味，日本軍的行徑相當具有殘虐性。也是從這個時候開始，以割下耳朵、鼻子當作戰功的證明。原本以支配大天下為目標的朝鮮出兵，最後矮化為朝鮮半島南部的報復作戰，由此亦可看出豐臣軍事政權的極限。最終在慶長三年（萬曆二十六年，一五九八年）八月秀吉過世下，這場魯莽的侵略戰爭終於作收。

負面的螺旋

由白銀經濟所支撐的中國社會流動化現象，到了十六世紀後半反而奪走明王朝國力，使得國家對國內外的統制力減弱。在國內，此現象導致農民不斷流出農村、里甲制崩壞，上下身分秩序逐漸動搖下，下位者反抗上位者成為常態。士庶分界模糊，致使山人等職業知識分子出現，其中不少人在政治舞臺背後活動。如同沈惟敬一般的來路不明者也能活躍，正反映出當時社會狀況的混亂程度。

另一方面，開國之初嚴格規定的「華夷之別」日漸鬆動，邊境地區的華夷分界開始模糊、陷入無秩序狀態。明朝失去統制力導致邊境、國外出現華夷混雜的自立勢力，商業、軍事集團四處叢生。加上周邊各國逐漸浮現離心傾向，海外朝貢國只剩下琉球、暹羅等屈指可數的國家，再也無法期待國際秩序（華夷秩序）如過往一般有條不紊。在東南亞地區，繼先行而來的葡萄牙、西班牙之後，較晚出發的荷蘭、英國虎視眈眈地等候進軍機會。

在明朝面臨國內外全盤政治、經濟、社會流動化的情勢中，最早為獲得東亞霸權而行動的是秀吉。明朝此前雖有北虜南倭等外患，也都只是追求經濟利益的侵略行為，並無侵占領土野心。即如俺答汗，亦僅包圍北京而未考慮征服明朝，一獲得經濟恩惠便滿意地撤退。但是，秀吉即便只是短暫、亦是曾經考慮過征服明朝，其中有著其個人野心，也和當時明朝權威、國力低落的客觀情勢有關。

正因如此，當取代秀吉的家康重新要求復活日明貿易之際，明朝對其完全無視，並未理睬。從對外政策以國防為首要之務的明朝來看，東夷日本在其後也一直都是最受警戒的國家。然而，此際北狄女真在努爾哈赤率領下崛起，成為超越秀吉的威脅。努爾哈赤對明朝楬櫫「七大恨」而起事，是在秀吉死後正好二十年的一六一八年（萬曆四十六年）。

包括朝鮮之役在內的萬曆三大征耗損了明朝國力，膨脹的軍事費用轉化為租稅，令農民相當痛苦。女真的強大化又帶來新加增稅（遼餉），進一步激化社會矛盾。在此期間，明朝並非毫無對策，但仍遲遲難以脫離負面的螺旋。更甚者，在此多災多難之際，明朝政界內部因皇帝私欲引發混亂，離開朝廷的在野集團果敢地展開政治批判。批判與反批判聲音交雜之下，這股混亂最後終於發展為牽連朝野的黨派政爭。

第六章

從明到清

一、政爭與混亂的結果

東林運動

明末因商品生產及奢侈風氣蔓延而導致道德秩序觀念動搖下，不只是官僚或都市富裕階層、即連皇帝的私欲也無限膨脹，萬曆帝可說是任性至極。「朕為天子，富有四海之內，普天之下，莫非王土。天下之財，皆朕之財。」（《召對錄》）萬曆帝提出此般主張，將自己的「大私」放上檯面，與官僚們針鋒相對。其中特別具有象徵性的，即是立太子的相關騷動，亦即所謂的國本問題。

萬曆帝的皇后王氏沒有子嗣，他的第一子係由宮女王氏於萬曆十年（一五八二年）八月所生的朱常洛。第二子夭折，萬曆十四年正月側室鄭貴妃生下第三子朱常洵。按照明朝規定，若無嫡長子，即由庶子中的年長者繼承皇位。由於萬曆帝寵愛鄭貴妃、支持其子常洵，第一子常洛立太子之事便受到阻礙。

後繼無人乃是關乎國本的重大事態，故而大臣、言官不斷請求萬曆帝冊立第一子常洛為太子。然而，他卻將提出建言者降職或剝奪官位，持續頑強抵抗。在此期間，萬曆帝還提出「百官出位、越職之禁」，禁止言官以外者自由發言，強硬地封鎖言論管道。最後，國本問題終於在萬曆二十九年定案，第一子常洛獲冊封為皇太子，常洵則獲封福王、封地洛陽（河南省）。不過，此後鄭貴妃仍策畫廢太子，福王自身也遲遲不前往封地洛陽就藩。

各自提出政治批判的官僚中，萬曆二十二年（一五九四年）吏部郎中顧憲成（一五五〇—一六一二年）因國本問題觸怒萬曆皇帝，遭致免官，而回到故鄉江蘇省無錫。他在萬曆三十二年（一六〇四年）重建宋代朱子學者楊時的東林書院，與同志趙南星、鄒元標等人展開講學活動，以朱子學嚴格的倫理主義立場評論政治、臧否人物。這樣的舉動獲得知識分子的共鳴，在野名士陸續集結於東林書院，令其揚名天下。此即世稱「東林黨」的起源。

東林書院的名聲逐漸升高，各地書院邀請顧憲成等人前往講學，中央政界也出現東林運動的同路者。自此，東林派與反對派展開壯大的政爭。反對派依照出身地而分為齊黨（山東）、楚黨（湖北）、浙黨（浙江）等，在政治改革等議題上和東林黨處處敵對。不過，東林黨除了主導者大半都是出身江南的南人此一特徵之外，與其說是一個團結一致的政治集團，不如說是反對派對於被視為東林派者的俗稱，東林派內部也有意見分歧。若以今日的政黨概念理解之，將產生誤解。

由下而上的改革

然而，東林黨也不是完全不具備黨派實體。雖然他們沒有黨則、綱領，卻在思想、信條上有著某種共通性。東林派最主要的思想，即是徹底排除陽明學末流的空洞議論，認為學問的目的在於解決現實社會問題，而以朱子學道德觀重建體制為目標。實踐上述主張的方法，便是在中央進行政治改革、在地方從事社會改革。

當時，在中央形成議論的，除了立太子一事，還有礦稅問題。如同前述，萬曆二十四年（一五九六年）以降，萬曆帝派遣宦官到全國各地從事開發礦山、增徵商稅等苛刻掠奪。對此，東林黨毅然決然地提出異議。他們批判皇帝、宦官勢力的恣意榨取，強力要求天子必須是「天下之公」、「天下之理」的實踐者。透過向萬曆皇帝提出皇帝應該有的樣子，東林黨策畫的是皇帝權力正常化。但是，皇帝對其置之不理，到最後從未改變過放肆的態度。

另一方面，東林黨亦將注意力轉至地方社會。他們出身社會矛盾激化的江南，熟知地方弊害，於是斷然壓抑豪強、實行各種社會改革。限制鄉紳優免特權、按照所擁有田地面積課徵里甲正役的均田均役法，多由東林派官僚所推進。在其主導之下，亦整備、普及了鄉約、保甲。以東林派高攀龍、陳幼學等人在無錫發起的同善會為契機，都市善會、善堂運動也擴大到全國各地。

東林黨人的目標，除了救濟貧民，也希望透過地方社會上位者、下位者各得其所、各盡其分，而能重建、維持崩壞的秩序。再一次回到五六頁的〈圖8〉，他們正是儒教世界的鄉黨，期待著上位者（鄉紳、士人、父老等）的「養民」與「教民」。以這樣的想法，自然是不問上下地一律予以否定擾亂秩序者。他們同樣批評民變、奴變（奴隸反叛），並非無條件地站在民眾這一邊。

為了維持秩序，他們確實支持由皇帝權力統制社會。不過，這樣的想法植基於社會尋求國家更良好支配的「被支配的理論」，也不是接受了國家（皇帝）單方面的支配。不同於張居正以皇帝權力為後盾而統制社會的政治手法，東林派由下而上地逐步累積秩序，而將皇帝放在統括者的位置。也有人從國家主導權與鄉村（鄉黨）主導權的對抗角度，認為上述想法反映出明末社會相對於專制國家的力量提升。

至少從宋代以降，這兩個方向便時常在中國社會產生作用，國家為了保持其平衡而相當辛苦。如同前述，張居正試圖推行國家主導的絕對帝制，已不見容於時代。倒不如說，皇帝本身過於跳脫應有姿態，以致無法成為國家主導權的核心。更甚者，廣泛的社會秩序動搖喚起儒教理念，社會一方也嘗試實行改革運動。在這層意義上，可以說東林運動是明末才有的特異現象。

魏忠賢的專權

萬曆末年以降，宮中接連發生奇怪事件，一口氣激化了東林派與反東林派的鬥爭。例如「梃擊案」，係有一名暴漢手持棍棒衝進皇太子居住的慈惠宮，試圖暗殺之。或是皇太子即位、成為光宗泰昌帝（一六二〇年在位）之後，不到一個月便因服用丸藥而驟逝的「紅丸案」。這兩個案件背後，都在福王之母鄭貴妃策畫下形成政治問題。另外，還有「移宮案」，將養育泰昌帝長子朱由校的皇帝寵妃李選侍強行移居至別宮，排除其影響力。以橫跨萬曆、泰昌、天啟三朝的這三個案件為中心，東林派與反對派之間興起了激烈政爭。

於此不安定政局之中，捲入漩渦的朱由校十六歲即位，亦即明朝首屈一指的昏君熹宗天啟帝（一六二〇—一六二七年在位）。宦官魏忠賢籠絡天啟皇帝，而大肆揮霍其權勢。魏忠賢原本出身市井無賴，雖然是失學文盲，卻憑藉著天生才智而當上司禮監秉筆太監，亦掌管祕密警察東廠，而展開了恐怖統治。天啟初年的政界由東林派占據優勢，身處劣勢的反對派遂與魏忠賢聯手，形成東林黨和閹黨（宦官黨）的對立形勢。

魏忠賢首先著手的是迫使東林派下台。他令閹黨言官彈劾東林派、奪去其官籍，再任命心腹取而代之、擔任重要職位。許多東林派主要成員被以冤罪逮捕，受到拷問、虐殺。天啟五年（一六二五年），東林書院遭到破壞，官方甚至頒布「東林黨人榜」的黑名單，試圖完全抹消東林黨人。更甚者，還編纂記錄上述三案的《三朝要典》，徹底攻擊東林黨。眼見東林黨遭受此般毀滅式打擊，官界興起了諂媚魏忠賢的風潮。

最終，以浙江巡撫於杭州西湖畔建立生祠祭拜魏忠賢為開端，全國各地總督、巡撫等地方官們爭相興建生祠，以迎合魏忠賢。在開封為了建立生祠，甚至迫遷兩千棟房屋，並花費數十萬兩的鉅額建造費。此外，監生陸萬齡上奏建議在首都國學旁邊建立生祠，主張「孔子作《春秋》，忠賢作《要典》」（《明史．閹黨傳》），將魏忠賢視為與孔子並列的聖人，應予以祭拜，毫不羞澀地逢迎諂媚。

魏忠賢一行人通過市區之際，眾人皆跪地、口稱九千歲，頌揚其功德。之所以稱九千歲，乃是避諱稱呼皇帝的萬歲，遂稱其為少萬歲一千歲的九千歲。官僚們亦在上奏文書中寫下肉麻的阿諛文字，絲毫不以為恥。在此期間，最重要的天啟皇帝在宮中沉迷於自己的木工興趣，完全不管政務。這樣的情勢為一介失學宦官所利用，遂能任意地壟斷政治。萬曆以來的政治頹廢，可說是已經超乎想像了。

開讀之變

當然，在這樣的異常官界之中，依然存在著重視名節的官僚。死於非命的「東林七君子」之一、吏部員外郎周順昌，在職中以清廉剛直著稱，即便天啟年間返回故鄉蘇州，也沒有停止批判魏忠賢。並且，他雖然自身清貧，仍對鄉里民眾施以善行，代替庶民與官府交涉冤罪或利害相關事務。據說士人、民眾都深深為其德行感動。

天啟六年（一六二六年）三月，魏忠賢捏造周順昌的罪狀，下令逮捕之。實行開讀（向嫌疑人及公眾宣讀敕旨的儀式）之日，數千名生員、庶民湧向蘇州西察院（按察使司的公所），申訴周順昌的無罪。結果，眾人和官員的小衝突演變為暴動，一名官員被打死。騷亂之中，在知縣等人拚命說服之下，總算讓群眾解散。然而，周順昌卻在無人知曉中被送到北京，受到拷問並死於獄中。自首的顏佩韋等五名庶民被視為暴動首謀者而處斬，另有五名生員遭到剝

圖 42　周順昌

奪資格。

在此事的二十五年前，同樣發生於蘇州的「織傭之變」，是絹織勞動者（織傭）為了反抗稅監（宦官）嚴苛掠奪的抗爭。「開讀之變」則與此不同，在民變之中堪稱特殊事例。亦即，與周順昌素不相識、也無利害關係的庶民們，為了他而發起無欲無私的行動。事件之後，受處刑的五人被知識分子們歌頌為英雄，不僅以詩文頌揚之、募款建造「五人之墓」，還作為小說、戲曲題材，讓他們的行為永存人們心中。

這些庶民們究竟為什麼甘願冒險，也不惜為周順昌提出抗議，甚至犧牲生命？五人即便是身處刑場之際，仍然大罵到場的閹黨巡撫，並意氣昂揚地談笑，隨後赴死。由此反映，他們對自己的行為完全不感覺後悔，心裡想的，不過是對上層處置周順昌的不滿。這個時候，他們懷抱著什麼樣的心情呢？再一次從五六頁的〔圖8〕來思考看看。

理想的世界

儒教理念世界的構築基礎，是以人類天生的家族愛（儒教稱為「親親」），轉化為對血親的無私性（能抑制己身欲望之本性）。孩子對親的孝、親對子的慈、弟對兄的悌等，是將家族愛無前提、無媒介的無私性轉化成上下序列之規範。儒教認為，若將此一「親親」（親屬意識）的無私性從家族擴展至宗族、鄉黨乃至天下，則一切對立都會消失，天下形同家族，而能實現天下一家。再者，無私性體現在人格上是為德性，這個德性在各個場域都是領導者的必備條件。在天下此一場域中，君主（皇帝）對臣下（官僚）須有德。在鄉黨中，鄉紳、士人或父老亦須有德。

德（實體化為禮）的不完備以法（刑）補充，德與法平衡地運作，則能維持各場域之秩序。社會一方為了維持秩序而認可國家的法治，並期待各場域基於德治（禮治）的「養民」（生活保障）及「教民」（道德教化）（被支配的理論）。另一方面，國家為了維持體制，比起實行德治（禮治），更希望以法治統制社會（支配的理論）。例如朱元璋、張居正，便是貫徹此一支配的理論。相對於此，明初浙東學派、明末東林派，則期望以「被支配的理論」重建秩序。

然而，不同於朱元璋以「支配的理論」恢復元末混亂秩序，張居正雖然為了富國強兵而統制社會，卻幾乎沒有恢復秩序的想法。相對來看，東林派以實現理應如此的世界（儒教理念世界）為主張，目標是恢復鄉黨場域中的秩序，故而推行政策，以壓抑逸脫本分的豪強、養民（均田均役、善會等）或教民（鄉約、保甲等）。他們對在中央沉迷私欲的皇帝、宦官派提出正確言論，或在地方以德治應對庶民切身相關問題等行動，透過明末的種種媒體而為人所知。萬曆四十二年（一六一四年）福建稅監高寀在福州因嚴苛掠奪而引發民變之際，推官（府的刑獄負責官員）周順昌秉持公平態度對抗高寀一事，想必眾人有所耳聞。

在當時社會民變、奴變接連爆發的狂亂風氣下，民眾得知周順昌陷入危難，便義憤地湧向開讀的場所，絕非不可思議之事。他們在心中描繪自認的理想世界圖像，並將周順昌放入其中，祈求饒他一命。陷入某種集體歇斯底里（mass hysteria）的群眾，最後以和官員的口角為契機，一部分人暴徒化而犯下殺人罪行。此際，生員們已經離場，五名庶民在集體狂熱中醞釀出的自我陶醉及英雄主義下，負起責任而獻出生命。

有人以士庶聯繫來理解這些民眾的行動，未免有些太早下定論。畢竟周順昌本人也擔心民眾暴動，最怕的就是民眾與官員產生衝突。如同前文一再指出的，對東林派而言，理想的世界即是各人各自盡到自身本分而維持秩序，上位者不能侵犯下位者，下位者也不能違背上位者。

儘管如此，前述五人之所以成為士庶雙方心中的英雄，係因對他們不惜犧牲自己的絕對無私感到共鳴。正因為現實世界充滿私欲，他們的行動才更加綻放光芒。了解理念世界整體（天下）的人，和只了解其中一部分（家族、宗族、鄉黨）的人之間的差異就在這裡。士人、庶民同樣生在「親親」理想世界，這五個人透過無私性這樣的普遍價值殉道，而成為永遠的英雄。

崇禎新政

天啟七年（一六二七年）八月，無為無能的天啟帝年僅二十三歲即病逝，因為後繼無人，遂由異母弟、十八歲的信王朱由檢即位。此即明朝最後的皇帝，毅宗崇禎帝（一六二七－一六四四年在位）。他有意推行不同於兄長天啟帝的政治，首先便卸下魏忠賢所任要職，將其流放至鳳陽祖陵擔任看守。魏忠賢認清楚自己已經無法逃過處刑，離京途中，遂在阜城（河北省）

圖 43　崇禎帝

投宿處上吊自殺。

頓失後盾的閹黨大臣、官僚下場悽慘。崇禎帝頒布《欽定逆案》，將二百六十一名閹黨成員分為八等罪行，處以死刑或流放等刑罰。相對地，東林派官僚獲得恢復名譽，其中多數人擔任要職，以圖刷新政治。過去與《春秋》並列經典的《三朝要典》遭到廢棄，全國各地建造的魏忠賢生祠亦陸續被拆除。眼見崇禎皇帝種種重建體制之舉，官僚們自然對崇禎新政抱持高度期待。

然而，不久後這樣的幻想便告破滅。崇禎帝的致命缺點在於「多疑」，容易猜忌他人、性情急躁而欠缺忍耐能力。又以自我為中心而不信任臣下，要是沒有如願獲得成果，便無法忍受。頻繁更換官僚致使政策推行受阻，如此又陷入惡性循環，引來崇禎帝更為強烈的焦躁。在其十七年統治期間，便任命過五十名以上的大學士，獲稱「崇禎五十宰相」。

大臣、官僚若只是被罷官，還算是好的。崇禎帝的嚴苛性格不容許一點差錯，因為小事便處死過許多人。無法相信官僚之下，到最後還是只能信任宦官，使得好不容易正常化的政權又再形成閹黨、爆發政爭。如此混亂的原因之一，即在於崇禎帝的猜疑心態。「烈皇之視其臣工，一如盜賊，欲不亡也得乎？」（黃宗羲《海外慟哭記》附錄二）君臣之間無法形成信賴關係。

但是，明白地說，即便不是崇禎帝，也早已無法挽回此般頹勢。事態之嚴重，已經超越個人能力所能承擔的程度。萬曆以降的三朝政權內部混亂，國外亦有北方女真的威脅逼近。加上國內陝西、河南方面饑荒導致大量流民出現，他們最後加入反叛軍，強烈動搖明朝的支柱。當時明朝的實態，即是面對接連發生的內憂外患卻無法拿出有效的應對方法，只能苟延殘喘下去。

二、明朝滅亡

李自成與張獻忠

如同導言所述，十七世紀與十四世紀一樣是「危機的世紀」。氣候寒冷化導致農業生產減少、激發饑荒，令人們的生活苦不堪言。不同於地主制度發達的江南，華北以自耕農為主體，原本就具備農民直接與國家對峙、反叛目標最終指向國家等社會基礎。早在崇禎帝即位前後，華北飢餓的軍民便已起事，驛卒（驛站勞動者）、流民、土匪、少數民族等也紛紛加入，使得叛亂集團一口氣擴大。他們並不停留於單一場所，而是四處掠奪，時稱「流賊」。

流賊分成許多個掌盤子率領的集團，不斷離散、集合而在各地間流竄。所謂的掌盤子即是掌管盤子（部隊）的流賊領袖，不少人出身延安府（陝西省），其後有力的流賊大頭目李自成與張獻忠即是出身延安府的同鄉。李自成本為驛卒，在反叛軍中逐漸嶄露頭角、轉戰各地，最後在崇禎十七年（一六四四年）正月於西安建立大順國。張獻忠原來是北邊守備兵，比李自成稍遲，同年八月在四川成都成立大西國。他以在當地大肆殺戮、造成四川人口驟減一事為人所知。

最早在陝西北部建立勢力的是王嘉胤，手下有高迎祥、張獻忠等人，李自成似乎亦於崇禎四年（一六三一年）加入高迎祥旗下。王嘉胤為部下所殺後，由闖王高迎祥取而代之，成為反叛軍頭目。崇禎八年（一六三五年）正月，流賊頭目們經滎陽（河南省）會議確認戰鬥方針（也有人認為此會議為虛構），高迎祥等人的集團攻擊朱元璋故鄉鳳陽（中都），破壞明朝祖陵，這個事件對明朝政府帶來了莫大衝擊。

圖 44　李自成

隔年，高迎祥在陝西黑水峪被明軍伏兵抓住，送至北京處刑。以此為契機，李自成、張獻忠徹底分道揚鑣，各自展開獨立行動，其後未曾再度會合。不過，此後兩人的活動並不順利。特別是崇禎十一年（一六三八年），張獻忠一度向明投降，李自成也在明軍攻勢下受到壓制。兩人就此蟄伏了一段時間。

大清的天下

在此之前，一六一六年努爾哈赤（一六一六—一六二六年在位）建立了後金國（愛新國），三年後的一六一九年（明萬曆四十七年）在撫順（遼寧省）東邊的薩爾滸大敗明朝與朝鮮聯軍，並在數年之內奪取遼河以東許多要地。其後，終於在一六二五年遷都瀋陽（後稱盛京奉天府），隔年預備攻陷山海關而進擊明朝前線基地寧遠。然而，後金軍大敗於明守將袁崇煥所使用的新式火砲「紅夷砲」，努爾哈赤本人亦負傷，進軍受挫。

或許是因為此次負傷之故，努爾哈赤不久後過世，由第八子皇太極（一六二六—一六四三年在位）繼位。皇太極於一六二七年攻擊奉行親明政策的朝鮮（朝鮮稱為丁卯胡亂），締結有利於後金的和議。更甚者，將假情報流向

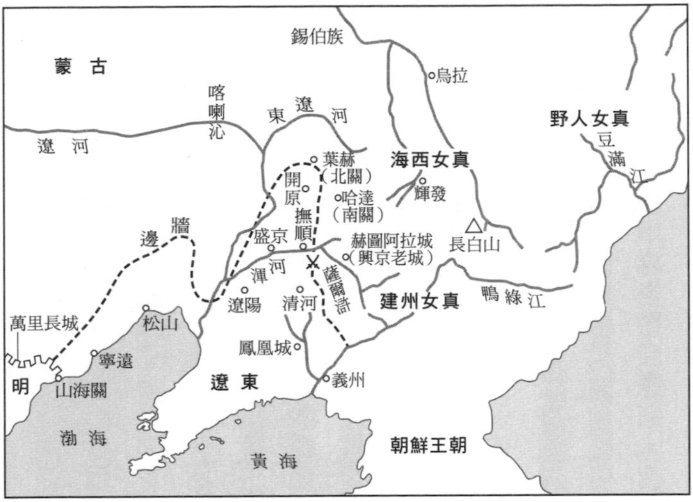

圖 45　明朝末年的東北地區

明朝，令宿敵袁崇煥失勢，遭到處死。在此同時，亦將遼東地區許多明朝武將納入旗下，致力於擴大勢力。皇太極還向西攻入蒙古，力壓北元後繼者林丹汗，並在其死後合併蒙古領地。

一六三六年，以林丹汗遺子獻上元朝玉璽為契機，皇太極受到滿洲族（女真族改名）、漢族、蒙古族三族擁戴，在奉天進行祭天儀式、登基為皇帝。國號為大清，建元崇德，此即大清王朝的誕生。不過，皇太極認為此時還不是攻擊明朝的時機。在毫無罣礙地西征明朝之前，有必要先使自認小中華且視滿洲為夷狄、位於後方的朝鮮屈服。

一六三六年十二月，皇太極率領十二萬大軍攻入朝鮮。朝鮮國王仁祖雖然在南漢山城堅守四十多日，依然寡不敵眾。最後，仁祖前往三田渡的清軍陣營，向皇太極行三跪九叩之禮而投降（丙子胡亂）。自此，朝鮮斷絕與明朝的關係，轉而成為清的冊封國。於此瞬間，明朝東北方出現了一個不同於明朝的新天下。

此後，清對明朝的侵略年年激化。一六三八年（崇禎十一年、崇德三年）九月，清軍越過長城，隔年一月抵達山東，俘虜濟南的德王朱由樞後帶往盛京。明朝分為主戰派、和平派，無法提出有效方案，有能武將陸續戰死。結果，在長達半年期間，清軍在明朝國內如入無人之境，蹂躪京畿、河北、山東等州縣七十多個城市後，毫不在乎地返回遼東。

大順政權的誕生

崇禎十三年（一六四〇年），受到壓制的李自成以第二代闖王的身分再度登場。這一年的秋天，李自成從四川進入河南，隔年一月襲擊洛陽，並以分封於當地的萬曆帝愛子、福王朱常洵當作血祭。當時，全國各地的明朝宗室人數膨脹到十萬人以上，對地方財政、民眾生活造成壓迫。他們憑藉權力的專橫言行，更是激化社會矛盾。據說，李自成殺害了以殘酷掠奪及驕奢生活備受民眾怨恨的福王後，混合其血液與鹽醃鹿肉，命名為「福祿」（祿與鹿同音）酒，在酒宴上和眾人一同暢飲。

於此之際，李自成集團的性格也出現變化。不滿的知識分子加入反叛軍，開始指引集團方向。例如舉人出身的牛金星、李巖（亦有人懷疑其是否真的存在），占卜師宋建策等人，在決定政策、宣傳工作或軍事作戰等方面發揮所長。李自成將福王龐大財產的一部分分給民眾、試圖獲得廣泛支持，亦是出自他們的提議。在集團脫離向來的流寇性格、轉換政策基礎為廣大農民下，衍生出「均田」（土地均分）、「免糧」（免除錢糧）等相關口號。

更加值得注意的，是李自成集團每攻下一個城市，便設置文武官員、禁止掠奪，致力於維持秩序及獲取民心。在此趨勢下，逐漸形成樹立政權的態勢，最終在崇禎十六年（一六四三年）一月攻下襄陽（湖北省），改名襄京，訂定中央官制，整備了政權體制。李自成自稱新順王，顯示出創建新王朝的意圖。同年年底攻陷西安（陝西省），更讓此事越來越具有現實意義。隔年正月，李自成將西安改名為西京而正式建國，國號大順、建元永昌。

在這個時間點，中國內外有大順、大清及大明三個王朝鼎立，各自有著獨特性格。大順外表看似中華王朝，實際上仍是以流民、小農為基礎的農民政權，並未達到地主和小農、士人與庶民等上下雙方各得其所而共存之傳統王朝境界。大順亦未曾確立財政基礎，直到最後都仰賴對鄉紳、大地主、大商人無限制且無計畫地掠奪金錢及糧食（追贓助餉），正是證明了其非正式王朝的事實。

另一方面，大清雖學習中華王朝而採用皇帝制度，實際上是夷狄擔任支配者的多民族國家，無論是準備統治中華或是正當性基礎都仍未確立。相對於此，原本立於絕對優勢立場的大明，亦因政權中樞混亂而陷入功能不全，完全失卻往日威勢。雖然具有中華王朝之名，卻早已失去中華的人心。這三個不完全王朝的三足鼎立之戰，迎來了最終時機。

北京淪陷

最早動身的，是大順政權。崇禎十七年（一六四四年）一月，李自成率領大軍從西京出發，兵分三路前往北京。途中一面接受明軍陸續投降，三月抵達北京城下。大順軍同時攻擊之前，已經束手無策的崇禎帝令皇子們到市街上，並命皇后自殺。又唯恐公主（皇女）受賊人所辱，而親手殺死大哭的兩名女兒。隔天早上，獨自留在宮中的崇禎帝親自敲響警鐘，卻沒有任何人趕來。官僚、宦官們早已捨棄皇帝，自行逃生了。

其後，憔悴的崇禎皇帝登上紫禁城後方的萬歲山（景山），在壽皇亭旁的樹上吊自殺，享年三十四歲。殉死的僅有司禮監秉筆太監王承恩一人。此際，崇禎帝在衣袖上留下遺詔：「朕涼德藐躬，上干天咎，然皆諸臣誤朕。朕死無面目見祖宗，……任賊分裂，無傷百姓一人。」（《明史・莊烈帝本紀》）臨終之際，崇禎帝依然認為亡國的責任在於臣下。

北京淪陷的消息，很快地傳到在山海關外與清軍對峙的總兵官吳三桂陣營。他一度決定向李自成投降，但在得知愛妾為敵軍奪走後改變心意，展開

圖 46　吳三桂

令人意外的行動。也就是和至今敵對的清軍聯手，一致抵抗攻來的大順軍。在清軍看來，這等同是順水推舟，能在討伐賊軍的大義下輕鬆入關（亦即越過山海關而進入中國本土）。另一方面，李自成一方因為未在預期之內的清軍出現而大敗，狼狽不堪地逃回北京。

這個時候，三足鼎立的架構已然大幅改變。如今已無大明皇帝，大清一氣呵成地進攻中華，大順則連保住北京都有困難。李自成害怕大清和吳三桂的聯軍，決定退回西安。為了確保正當性，他在倉卒之間實行祭天儀式，即位為皇帝。其後，便放火燒毀紫禁城，帶著全部財寶離開北京。李自成取代明朝成為北京之主，才不過四十二天。

李自成離開之後，一六四四年五月清軍進入北京城。年幼順治帝（皇太極於前一年過世）的監護人、攝政王多爾袞（皇太極之弟）入主北京，推行許多懷柔政策，諸如廢止明朝所課徵的過重附加稅、繼續沿用明朝原有官僚等。他也派遣遠征軍四處征戰，混亂告一段落後，九月迎接順治帝入城，宣布遷都北京。其後，重新舉行即位典禮，使清朝對中華的支配正當化。

另一方面，李自成無法抵抗清軍攻勢而再度離開西安，與流賊時期一樣率領大軍轉戰各地。然而，此時已成烏合之眾的李自成軍毫無勝算，最後在湖北東南地區的九官山遭到毀滅性打擊。窮途末路的李自成，也在順治二年（一六四五年）五月被農民自衛團所殺（其死亡月分眾說紛紜）。至此，三足鼎立之戰大勢底定，大順國號僅僅一年半便永遠消失。比大順國稍晚建立於成都、張獻忠的大西國，隔年在清軍攻擊下亦遭滅亡。

三、混沌的歸結

南明的抵抗

為了對抗清朝以北京為中心而擴大支配中華，明朝在南方接連成立流亡政權，統稱為「南明」。例如福王常洵之子由崧在明朝副都南京建立福王（弘光帝）政權，但因帶入前朝以來的東林、非東林對立，又遭到清軍攻擊，不滿一年便告崩解。其他如紹興（浙江省）的魯王政權、福州（福建省）的唐王（隆武帝）政權也大概都是建立一年左右便滅亡。南明政權中，只有建立於慶肇（廣東省）的桂王（永曆帝）政權在西南地區保持勢力。不過，一六六一年（永曆十五年、順治十八年），逃到緬甸的永曆帝亦遭清軍逮捕、處刑。

歸順明朝的海上勢力鄭芝龍，在福王過世後，仍與兒子鄭成功一同積極支持唐王政權。但是，一六四六年（隆武二年）唐王敗亡，鄭芝龍亦投靠清朝，鄭成功則侍奉永曆帝，繼續「反清復明」活動。在此期間，鄭成功向周

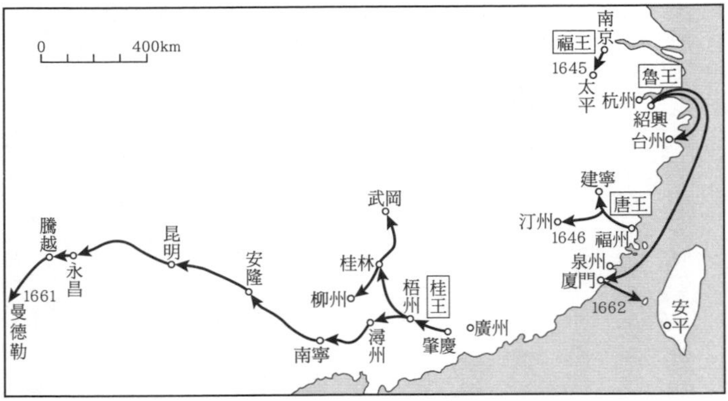

圖 47　明朝的流亡政權

邊諸國尋求軍事、經濟援助，也多次派遣使者前往母親的祖國日本，此即所謂的「日本乞師」。然而，當時的日本已經進入鎖國體制，江戶幕府對於派兵海外持慎重態度，最後他並未如願。

鄭成功不只向周邊國家求助，也嘗試接觸遙遠的西歐各國。永曆政權中，包括王皇太后在內的許多人是基督教受洗者，他們透過澳門的傳教士，將王皇太后（教名為海倫娜Helena）的書信送至梵諦岡、請求教廷支援。使者於永曆四年（一六五〇年）出發，直到永曆十三年才帶回教宗回信。此時，王皇太后早已過世，永曆政權也正處於逃往緬甸、滅亡之前。雖然南明向梵諦岡請求支援只是最後掙扎，不

圖48　向鄭成功投降的荷蘭在臺行政長官揆一（臺南市赤崁樓）

過，包括日本乞師等向海外求援一事，可說是證明了當時中國與世界各國的心理、物理距離比想像中還近。

其後，鄭成功趕走在臺灣的荷蘭人勢力，以臺南為根據地，祖孫三代都持續著抵抗運動。約二十年後的一六八三年（康熙二十二年），其孫鄭克塽向清投降。至此，清朝完成了支配中國。鄭氏政權崩解象徵南明抵抗的終結，同時也意味著十六世紀後期倭寇出現以來的自律海洋世界之消滅。取代明朝的清朝，重新建構以海禁為基礎的管理貿易體制，展露出大陸國家的新面貌。自此以後，再也沒有出現過積極在海洋活動的強大海上勢力。

明朝遺臣的選擇

即便明末混亂不已，明朝的滅亡仍然為官僚、知識分子帶來莫大衝擊。一次是李自成領導的賊軍致使國家失去皇帝（天子），另一次則是滿洲族清朝這樣的夷狄奪走中華土地，這都使得他們陷入茫然自失。短短的數個月期間，明朝遺臣兩度經歷了王朝更迭，在前途未卜的不安定極限狀況下，必須賭上性命決定自身前途。

明朝滅亡之際，官僚、知識分子大致有四種行動模式。一、與國家同生共死的殉國；二、對新王朝（大順或大清）徹底抗戰，支持南明政權的積極抵抗；三、不參與抗戰亦不協助新王朝的消極抵抗；四、或自主或被迫向新王朝投降、任官。當然，這四種模式並非界線分明，抗戰者之中也有積極程度差異，也有人在抗戰途中歸順新王朝、任官。反過來說，也有一度在新王朝任官，其後又反叛敵對者。

選擇投降或抵抗（殉死），並不只在北京淪陷之際，每當南明政權傾覆，這樣的抉擇也一再在南方上演。綜合來看，多數人選擇投降、任官，其中一大半是為了保全自家，但也有人心懷救世思想而協助清朝。清朝一方為了統治中華，亦需要他們的知識和經驗，故而熱心拉攏其進入新政權。明清交替之際，這些人發揮了連接兩個王朝的重要作用。但是，他們也因為侍奉兩個王朝而汙辱臣節，時常感受到「貳臣」的內疚。

不同於貳臣，遺臣（遺老）出於對清朝的民族式反抗與對明朝的忠誠，而堅持拒絕任官。比起協助清朝，他們更希望在清之後的後王（聖王）治世中實現自身理想。為了協助後王治世，這些遺臣們探究王朝滅亡原因，拚命摸索改善體制的策略或改革方案，因而出現不少象徵時代的經世家。其中的代表人物，即是獲稱清初三大儒的顧炎武（一六一三—一六八二年）、黃宗羲（一六一〇—一六九五年）、王夫之（一六一九—一六九二年）。他們和東林派主導者一樣是江南出身的南人，可說是潛浮於當地的經世思想潮流隨著明朝滅亡而一口氣噴發、奔流於地表。

明末經世論的系譜

這些人雖被統稱為明朝遺臣，不過，明朝遺臣的「明」指的還是中華文明本身。王夫之認為夷狄滿洲奪走了此一文明，特別強調「華夷之別」。他的民族思想，清楚地反映於關於王統的討論中。「可禪，可繼，可革，而不可使夷類間之」（《黃書・原極・第一》）。

整體而言，明末東林派的改革思想經由獲稱「小東林」的復社等文社（以科舉為目標的民間文人團體）流傳，而為遺臣所繼承。遺臣繼承相關思想之際，新加入華夷思想，使他們對改革的意願特別強烈。黃宗羲的父親黃尊素是反抗魏忠賢而死於獄中的「東林七君子」之一，他自己也參與復社政治活動，並著作《明夷待訪錄》，象徵在暗夜之中期待聖王出現。黃宗羲在書中提議復活宰相制度、學校議會化、改革科舉制度等，並主張透過以上改革制衡皇帝的獨裁。他也激烈批判只顧己身「大私」而不顧萬民利害的君主，是違反了設置君主之原意。

圖 49　黃宗羲

同樣出身復社的顧炎武，認為亡國不過是王朝興替，然而亡天下卻意味著以仁義道德為基礎的中華文化消滅，匹夫（庶民）也有責任。負責匹夫生活保障的郡縣地方長官，只顧迎合中央（皇帝）心意，卻不關心民生，結果招致民眾反叛。故而，地方長官應由當地出身者擔任、採取終身制及世襲制。地方長官若如周朝封建制度一般領有地方，則會產生對土地、民眾的眷戀，將使民生豐富、國勢強固，也就是「寓封建之意於郡縣之中」。

黃宗羲、顧炎武兩人均未提倡廢止皇帝制度，不過是從五六頁〔圖8〕的理念世界觀點出發，提議改革現實世界的制度。若是區分兩者差異，黃宗羲追求的是絕對帝制核心皇帝制度之應有姿態，顧炎武則重視絕對帝制下對民生的保護。兩者的思想，雖然一方主張皇帝權力相對化，另一方與地方自治論連結，但都和東林派改革思想一樣，立基於社會向國家（皇帝）要求更良好支配的「被支配的理論」。華夷思想更是如此。他們的思想皆以對現狀脫離理想世界太遠的不滿為根據，最大目標則是令明末以降的混亂秩序回復本來姿態。

然而，清朝統治中華後，承繼了明朝專制體制，使他們的提議不見天日、埋沒於歷史洪流之中。始於明末東林派的實踐經世論系譜，便以上述遺民們的君主論、封建論等嶄新政策論為尾聲，隨著清朝統治安定化而失去東林風氣，正如明末的喧囂歸於沉靜一般。這也意味著十六世紀以來的漫長明末，終於步向結束。一直要到十九世紀後半的清末，他們的思想才再度受到矚目。

華夷變態與日本的小天下

不同於元明革命是從夷狄回復為中華，明清革命是夷狄奪走中華土地。由夷狄支配中華，使得周邊諸國對中華的看法也產生改變，明末以降的離心傾向越加強化。一方面，在諸外夷互相競合的東亞，清朝摸索著以夷狄身分統治中華的正當化。另一方面，周邊諸夷亦將本國比為中華，創造獨自的天下。典型的例子，即是東夷日本。

豐臣秀吉透過征明所描繪的大天下構想崩解後，日本在德川家康時代曾經嘗試回歸明朝冊封體制，卻功敗垂成，於是將自身定位為中華，著手重整對外關係。自明末之時，日本已經開始建設以自己為中心的國際秩序，反映在征服琉球（一六〇九年）、征討臺灣（一六一六年），以及要求朝鮮通信使或琉球國王「前往江戶」等事。清朝成立之後，日本從中國自立以及其概念化更為進展，陸續建立在鎖國體制下的「日本型華夷秩序」，以及嫌棄象徵成為中國皇帝臣下的國王封號、稱將軍為日本國大君的「大君外交體制」。

這些動向的背景，是日本自古以來培養出獨自的天下（小天下）觀念。日本的小天下以天皇（天子）為中心，某種意義上是對中國天下（大天下）的改編。日本古代的律令時代，中央是天皇統治的中華，周邊分布著藩國（新羅、渤海等）、鄰國（唐）以及夷狄（蝦夷、隼人等），並以天皇（天子）德性維持小天下的華夷秩序。

不過，中世以降，武士崛起、開始武家政治，便由實質掌握主權者的「天下人」全新登場。天下人一詞本身是江戶時代初期的成語，誕生於小天下概念化、體制化的過程。與天子（天皇）統治依靠德治不同，天下人統治天下的根據在於「武威」。也就是說，日本小天下所建立的，是天朝（天子的朝廷）主宰者天子（天皇）、亦即世稱「天子殿下」或「天朝殿下」，以及天下統治者天下人（征夷大將軍）、亦即「天下殿下」之雙頭體制。

日本完全脫離清朝的國際秩序，在鎖國體制下完結小天下，站上了能與清朝大天下相對化的立場。江戶幕府智囊林春勝、林信篤父子，以來航長崎的中國商人口述紀錄〈唐船風說書〉為基礎，編纂了《華夷變態》一書。書名的含意指稱華夷立場逆轉，帶有對清朝的蔑視感。日本無視自己身為東夷的事實，在心態上完全自居為中華。

小天下的各種樣貌

相對於日本在地理位置上較容易脫離大天下而自立，與中國接壤的朝鮮、越南則不得不費心保持與大天下之間的均衡。越南將天分為南北、以本國天下為「南天」一事相當有名，朝鮮也在高麗時代將天分為東西、稱高麗國王為「海東天子」。

不過，朝鮮王朝成立，與明之間建立起君臣關係，以事大主義（臣服於中國）為國策，便依照朱子學名分論而不提出小天下主張。對照日本擁有自己的天下、天朝、天子，在朝鮮，所謂的天下就是中國的大天下，天朝、天子也都是指稱中國王朝的天朝與天子。在此狀況下，小中華觀念便成為朝鮮本國的認同根據。

小中華觀念的根據，是放棄小天下，將自己國家定位於大天下之中，以遵照中華（在此指的是明朝）為價值之文化自尊意識。必須注意的是，所謂的小中華（小華）係產生自中國與朝鮮兩國之間政治、文化關係性的歷史用語，相對於正宗大中華（中國）而稱周邊諸國為小中華，並非將東亞全體一般化的概念。因此，當夷狄清朝取代明朝支配中華之際，朝鮮仍然沿用明朝最後的崇禎年號、建設祭祀明朝皇帝的大報壇。同時，朝鮮知識分子之間認為本國才是真正中華的想法越來越強烈，小中華概念開始了獨特的發展。

另一方面，越南自十世紀從中國獨立之後，便建立起獨特的天下觀，亦即本國為大天下所包攝，國內則以皇帝為中心。對越南而言，本國天下絕非小天下，在主觀上是與中國對等的南方大天下。不過，其實越南只是中國大天下中的小天下，和朝鮮一樣都是中國的朝貢國。也就是說，越南抱持一套雙重標準，越南國王在小天下之中是皇帝（大越皇帝），在大天下則是中國皇帝之臣下（安南國王）。

越南不同於朝鮮、日本之處，在於其在制度上令本國小天下接近大天下，確保與中國之間的對等性。越南不只僭越自稱皇帝名號、使用獨自的年號，十五世紀末還將周邊的占城、暹羅、爪哇劃為朝貢國，由此巧妙地創造出「南方中華」的形象。與中國抗衡而推動徹底中國化之下，越南與朝鮮一樣，從對夷狄清朝的反抗衍生出自身才是真正中華文化的意識。

對比明朝朝貢一元體制的統制性，清朝對外政策相當慷慨，東亞諸國亦紛紛構築自我的中華，不服輸地與清朝競爭。如果說明初朝貢一元體制是透過小天下收斂、凝縮於大天下而成立，那麼，此一體制在明末鬆動後，到了認可民間交易的清代則由大天下、小天下（或是小中華）和緩地互相提攜、並立，建構新的亞洲國際秩序。

和國際秩序的柔性構造一樣，清朝在國內也排除明朝的「硬性體制」，試圖往「柔性體制」修正軌道（岸本美緒的說法）。明初施行的嚴格戶籍制度、里甲制等統制型鄉村組織不復存在，清朝依據明末成長的鄉紳、宗族等在地勢力主導之部分民間秩序來進行統治。消極僵化的明初體制崩壞之後，清朝在某種意義上圓滑地汲取社會所需，轉換為柔軟路線。明末以降混沌的歸結，或許可說是隨著清朝登場而塵埃落定。

結語

導言提及賦予宋代以降「近世」中華王朝特徵的主要條件，即是一、中華與夷狄的抗爭；二、華北與江南的對立；三、大陸中國與海洋中國的相剋。這三種競爭合作關係最早在元末明初開始尖銳化，而後在國家（皇帝）單方面強硬創造出的明初體制中，暫時消解矛盾。明初體制的確立幾乎無視了社會意向，使其成為可能的是明初絕對帝制，亦可視為中國社會體制之歸結。

在絕對帝制的明初體制下，國家嚴格地統制社會（民間），以維持實物經濟與身分序列固定化來抑制社會流動，創造出基於「本分」之他律型儒教國家。政治體制上，追求南北均等支配，最終透過遷都北方——具體而言是永樂帝的遷都北京，而跳脫了南人政權，完成政權的統一。經由建構北方支配南方之新體制，明朝超越了江南發展史頂點的南人政權極限。

對外，明朝以長城及海禁斷絕內外自由往來，採取華夷完全分離、看似內向的政策。自此以後，民間的國際貿易受到完全禁止，國際交流、交易僅限於國家之間來往，也就是所謂的朝貢一元體制。此一體制，在北邊以「中國門戶」北京為據點，透過長城沿邊的邊鎮與邊禁來維持，在沿海地區則與海禁一體化而發揮功能。海禁特別被用作針對倭寇、海賊的海防對策，並與朝貢制度連結而創造出統括朝貢貿易、國際秩序的海禁＝朝貢系統，可謂意義重大。希望和明朝交易的海外諸國，全都必須接受冊封成為朝貢國。

因此，必須注意的是，乍看之下內向的朝貢一元體制，實際上並不完全如此。由於民間交易遭到斷絕，朝貢一元體制具備了必然將希望貿易的周邊諸國捲入之世界體系性格。從十四世紀後半期至十五世紀前半期，亞洲大陸東半部形成了政治與經濟對接、以明朝為中心的特殊廣域交易圈。由政治主導政經一體而以中國為中心的統制型世界體系，也就是中華世界體系於焉誕生。在西歐近代世界體系出現之前，東亞存在著完全異質且完備的世界體系，此事意義相當重大。

十五世紀中期之後，商業化與都市化逐步發展，中國社會開始增加流動性，亦使得明初體制出現變化。白銀經濟伴隨著奢侈的蔓延，衍生出道德荒廢，亦萌發對傳統上下秩序的懷疑。經歷過十五、十六世紀交會的明代歷史轉換點後，此一趨勢更為強烈，四處出現下位者反抗上位者之秩序顛倒現象。更甚者，國家對社會的統制逐漸鬆弛，南北邊境在交易熱潮下盛行走私貿易，朝貢一元體制的基礎為之崩塌。無論是對國內或是對外，明初體制的動搖已經達到難以修復之地步。

正當此時，從國外突然傳入大航海時代的風潮。來自日本、新大陸等海洋的白銀衝擊致使國內混亂增加，邊境的交易熱潮招來北虜南倭騷擾，亦從旁動搖了明朝核心。於此期間，一五六七年月港開港及一五七一年的馬尼拉建設，使得來自新大陸的銀流經由太平洋從西邊抵達中國，而和以往的東向銀流匯合，歐洲、南北美洲以及亞洲於是以白銀為媒介而聯繫起來。中國經濟由此完全編入世界經濟，故而也有人主張西班牙建設馬尼拉實為全球化的開端。

不過，若認為明朝朝貢一元體制以此為契機而移至互市體制，或是主張其轉向重視海洋之政策，則是略顯武斷。直截了當地說，這時明朝中央政府的對外方針與開國之初並無二致。因應海防問題而實施海禁的明朝中央，亦從海防問題反對緩和海禁或是豐臣秀吉的封貢。即便是月港開港之際，也看不出交易秩序有所重編。倒不如說，在這個狀況下，維持、安定國家整體秩序的政治主導中國理論依然處於優先地位。

的確，福建、廣東地方政府因為地緣因素而有重視海洋的傳統。在背後推動此一傳統的，是江南商品經濟之發展，以及民間對海外貿易的強烈需求。從這點來看，固執於海防的北京中央政府和福建、廣東地方政府之間，有著微妙的立場差異，此中即存在國家與社會的背離，或說是政治北方與經濟南方的相剋。從《明實錄》中完全未提及月港開港一事即能瞭解，對北京政府而言，月港開港不過是海禁體制的重編。

從結論而言，外國白銀對中國社會的衝擊雖然相當大，但是還沒有大到足以令明朝改變對外方針。中華世界體系的朝貢一元體制即便動搖卻依然維持、發揮功能，日本、中國之間的走私貿易者或是歐洲勢力只不過是趁著其動搖的縫隙從事交易。當時歐洲勢力的存在感不過是這種程度，對於將重心置於大陸中國的中華世界體系而言，來自海洋的近代世界體系完全不是競爭對手。

到了十七世紀末，日本的白銀產出量減少、交易熱潮退去，陸海交錯的風暴逐漸沉靜化。然而，朝貢一元體制的殘影仍未消失。以清朝來說，只要派遣一次使節前往海外諸國，便視之為朝貢國，十九世紀之初的國制總攬《嘉慶大清會典》（一八一八年出版）也記載了不是朝貢國而只進行貿易的「互市國」概念。此般明清連續性亦見於其他領域，前文提及宋代以降的三個要素，直至清代依然如實繼承。若是更進一步來看宋代成立的君主獨裁體制下國家對社會之支配方式，幾乎如同五六頁〔圖8〕所示，那麼，姑且將宋代至清代視為近代之前基本上同質的時代，亦即「近世」，也是可行的吧（本書即以此立場展開論述）。

今天我們大多將十九世紀全球規模近代資本主義體系成立以前的時代，也就是十六、十七世紀以降，稱為近世。在此時期，不分東西海洋，都同時存在著商業化、都市化、人口增加等各種現象。有鑑於東亞在白銀流通、社會流動化下出現舊體制解體與新體制形成，出現了與本書所談近世不同的近世概念。新的近世概念和近來流行的全球歷史等相關書籍、系列出版品，可說是不勝枚舉。

若是從中國史的立場重新審視東亞，則亦可換言之，東亞周邊諸國為了回應「唐宋變革」此一中國國內劃時代事件而興起政治變動（新羅滅亡、高麗統一、契丹崛起、渤海滅亡、越南獨立等），最後由明初體制及朝貢一元體制（中華世界體系）整頓秩序。因此，從明朝「剛性體制」轉移至清朝「柔性體制」意味著新舊體制轉換，不過，與其視之為變革，不如理解為重編還比較符合事實。

即使如此，若是著眼於明清時代以降中國社會完成進一步轉變、逐漸成熟為連接現代的傳統社會，或許也可以說中國歷史以十六、十七世紀為界線而轉移至近世後期。如果重視明初體制揚棄了宋代以降各種矛盾（同時也是中國社會的體制性歸結）一事，那麼，可以說自該體制崩壞的十六、十七世紀明末清初時期起，中國開始自發地緩慢步向近代。不過，此一動向的獨自性是否維持到最後，則又是後話。

無論如何，本書的主旨並非思考中國歷史如何區分時代。所謂的時代區分是為了追溯歷史變化跡象而出現的，根據觀點出發點不同，便會出現幾種不同解釋。唯一可以肯定的是，東亞有東亞的理論、中國有中國的理論，那並不是來自於國際貿易或白銀流入等可變外因，而是源自最難變化的文化內在因素。歐洲勢力進入亞洲後，雖然經濟全球化隨時代進展，但是共有天下觀的東亞諸國卻沒有那麼簡單地形成東西共通之座標軸。這個事實在承繼明代的清代再次獲得證實。

後記

本系列全部共五卷，如各卷卷頭「架構圖」所示，其中四卷採取橫跨王朝或時代的通史體裁。然而，只有第四卷的本書特別化為以明王朝為題材的斷代史，想必不少讀者對此架構感到違和感吧。在中國四千年歷史之中，為什麼以不到三百年的單一王朝充當五卷中的一卷題材？明朝此一時代果真如此重要、特殊嗎？這些事情本來是應該在一開頭就論述的，而今，希望於全書最後再以隻字片語補充說明。

暫且不討論明朝是否重要或特殊，若從本系列楬櫫的中國社會多元性、多樣性觀點來看，是有必要以明朝進行一個段落的總結。第一卷「中華」、第二卷「江南」、第三卷「草原」等各卷的主題展開型態，即是本書導言所示的，宋代以降三個對抗主軸：一、中華與夷狄的抗爭，二、華北與江南的對立，三、包括草原在內的大陸中國與東南沿海的海洋中國之相剋。此三個主軸於元末交錯，使中國社會激烈動盪，明代便必須直接面對此一局勢並予以回應。所謂的明初體制，即是對元末混沌狀態的解答之一。其以統一王朝收斂三個對抗主軸、整理秩序，並透過一元化、標準化規制原來的多元性、多樣性。

明初體制的特徵，即在此一元化、標準化主題完全由儒教理論從旁支持。不，是必須遵照此一理論。這正是中國社會的特徵，明初體制亦是以此強化統制。也因此，明初體制可以視為中國社會的體制性歸結。所謂的明代史，可以視為此一堅固明初體制最終鬆動、出現漏洞、乃至崩壞的過程。在這層意義上，明朝的興亡不只是單一王朝興亡，同時也是凝聚宋代以降各類課題的時代興亡。第四卷的本書正是描繪其間樣態與始末，這也是明朝單獨成立一卷的理由。

原本在討論中國史的新書中，至今仍沒有明代史的專著，一般都和清代搭配討論。原因在於，兩者不只在政治制度上具有連續性，清代更是全盤繼承了明初體制崩壞導致的各種矛盾。這是向來中國史一併討論「明清」的原因，從這點來看，本系列的框架亦是相去不遠。不過，本書的焦點在於明初體制的特質及其變動，由此來看，姑且將明初體制崩壞和明朝滅亡區分開來也是一個可行的看法。倒不如說，這樣的做法還比較直截了當且容易理解。關於清代以降的中國歷史展開，便請接著閱讀第五卷。

回想起來，一開始和岡本隆司教授討論本系列的企畫，是在二〇一五年初夏時節。在那之後又過了一段時間，才實際推動企畫進行。從企畫發想乃至今日，還真的是經過不少時間了。終於能夠出版此一系列叢書，比起完成約定的安心感、放下肩擔重任的解放感，現在的心境更像是放心地吐出一口氣。若是透過本書或本系列，能多增加一個人關心這個既近又遠的國家中國的話，那真是無上喜悅。

本書之所以能夠完成，與前著《天下と天朝の中国史》一樣，均由新書編輯部中山永基先生處理編輯及一切事務。與寫作前一本書時一樣，中山先生總是以專業眼光補足我的種種不足。對於中山先生的全面支持，藉此機會致上誠摯謝意。

二〇二〇年三月

檀上寛

1614 高攀龍、陳幼學等人於無錫組織同善會。
1615 發生「梃擊之案」。
1616 努爾哈赤（清太祖）創建愛新國（後金國）。
1618 努爾哈赤提出七大恨，進攻明朝。
1619 努爾哈赤於「薩爾滸之役」擊敗明軍、朝鮮軍聯軍。
1620 發生「紅丸之案」、「移宮之案」。
1624 魏忠賢開始彈壓東林黨。荷蘭在臺灣南部建立據點。
1626 編纂《三朝要典》。努爾哈赤在寧遠敗於袁崇煥並負傷。蘇州發生「開讀之變」。
1627 皇太極入侵朝鮮（丁卯胡亂）。天啟帝駕崩，崇禎帝即位。魏忠賢自殺。
1628 廢棄《三朝要典》。鄭芝龍向明朝投降，獲任海防遊擊。陝西地區發生王嘉胤等人的叛亂。
1629 頒布《欽定逆案》。
1630 張獻忠呼應王嘉胤等人的反叛軍。
1631 李自成加入高迎祥旗下。
1635 高迎祥等人的反叛軍破壞中都祖陵。
1636 皇太極（清太宗）創設大清國。
1637 朝鮮國王仁祖在三田渡向皇太極投降（丙子胡亂）。
1641 李自成於洛陽殺害福王。
1644 李自成在西安創設大順國。李自成軍占領北京，明朝滅亡。清軍與吳三桂一同進入北京。張獻忠在成都創設大西國。順治帝於北京即位。在南京，福王（弘光帝）政權誕生。
1645 在福州，唐王（隆武帝）政權誕生。鄭芝龍、鄭成功等人予以支持。
1646 唐王政權在清朝攻擊下崩解，鄭芝龍向清投降。在慶肇，桂王（永曆帝）政權誕生。鄭成功擁立永曆帝，持續反清活動。其間，江戶幕府拒絕鄭成功等人的日本乞師。
1650 永曆政權向梵諦岡請求援軍。
1661 鄭成功領有臺灣。永曆帝於緬甸被捕。
1663 黃宗羲完成《明夷待訪錄》。
1683 鄭成功之孫鄭克塽向清投降。

1523 發生「寧波之亂（寧波爭貢事件）」。
1526 鄧獠誘使東南亞諸國來到雙嶼。
1529 王陽明過世。嘉靖帝開始改革禮制。
1530 於漳州月港對岸的海滄設置安邊館。
1542 發生「壬寅宮變」。
1545 王直引誘倭人助才門（助左衛門）等人至雙嶼港。
1547 朱紈在福建沿海地區徹底實行海禁。
1548 朱紈攻擊舟山的雙嶼港。
1549 日本最後的遣明使節來貢。
1550 俺答汗包圍北京（庚戌之變）。
1551 在月港設置靖海館。
1553 明軍攻擊舟山烈港。此際開始出現北虜南倭騷擾。
1557 葡萄牙獲得在澳門的居住權。
1559 王直遭處刑。
1562 嚴嵩失勢。
1563 月港靖海館改編為海防館。
1567 新設海澄縣，月港開港。海禁緩和。張居正入閣。
1571 明朝與俺答汗之間的和議成立（隆慶和議）。在北邊開設馬市。西班牙建設殖民都市馬尼拉。阿卡普科與馬尼拉之間的帆船貿易開始。
1573 張居正施行考成法。
1575 整備月港徵稅制度。
1578 張居正在全國實施丈量。
1581 張居正在全國實施一條鞭法。
1582 張居正過世。利瑪竇登陸澳門。
1590 李卓吾《焚書》刊行。
1592 寧夏發生「哱拜之亂」。豐臣秀吉第一次出兵朝鮮（文祿之役）。
1596 派遣宦官至全國從事開發礦山、增收商稅（礦稅之禍）。
1597 豐臣秀吉第二次出兵朝鮮（慶長之役）。此際，於月港設置督餉館。
1599 稅監高寀至福建就任，對月港海商進行嚴苛的掠奪。
1602 李卓吾死於獄中。月港海商興起針對高寀的民變。
1604 顧憲成在無錫重興東林書院。

1399　燕王起兵（靖難之變）。
1402　南京淪陷，燕王即位（成祖永樂帝）。壬午殉難。
1403　北平改稱北京。足利義滿以日本國王身分入貢。日明貿易開始。
1405　鄭和第一次遠征南海（至1407年）。
1407　合併越南。
1409　封瓦剌的馬哈木為順寧王、太平為賢義王、把禿孛羅為安樂王。
1410　永樂帝第一次親征蒙古。
1411　開鑿會通河。亦失哈設置奴兒干都司。
1413　封蒙古的阿魯台為和寧王。
1421　遷都北京。
1424　永樂帝於第五次親征蒙古途中駕崩。洪熙帝即位，著手還都南京。
1425　洪熙帝駕崩，宣德帝即位。中斷還都南京。
1428　越南恢復獨立。
1429　於大運河要衝設置鈔關。
1430　鄭和第七次遠征南海（至1433年）。
1433　於江南地區開始稅糧納銀化（金花銀）。
1441　北京正式成為京師（首都）。
1446　發生「葉宗留之亂」。
1448　發生「鄧茂七之亂」。
1449　發生「土木之變」。英宗（正統帝）為也先所捕。
1453　也先自稱大元天聖大可汗。
1457　發生「奪門之變」。英宗（天順帝）復辟。于謙被處死。
1464　發生「荊襄之亂」。
1472　開始增修鄂爾多斯地區長城。
1488　施行均徭法。
1500　制定「弘治問刑條例」。
1510　劉瑾遭處刑。發生「劉六、劉七之亂」。
1511　葡萄牙占領麻六甲。《正德大明會典》刊行。
1517　葡萄牙的托梅・皮萊資一行人來航廣州。
1519　寧王朱宸濠叛變。
1521　嘉靖帝即位。發生「大禮議」。
1522　將葡萄牙勢力逐出廣州。

簡略年表

1328	朱元璋出生。
1344	黃河開始氾濫。
1351	發生「紅巾之亂」。
1352	朱元璋在濠州（鳳陽）參加反叛軍。
1355	韓林兒、劉福通等人在亳州建立大宋國。
1356	朱元璋占領集慶（南京），並命名為應天。
1363	張士誠自封吳王。朱元璋於鄱陽湖打敗大漢國陳友諒。
1364	朱元璋成為吳王。
1366	朱元璋將小明王韓林兒迎至應天，並於長江將其溺死。
1367	朱元璋打敗平江（蘇州）的張士誠。朝向位於大都的元朝展開北伐。
1368	朱元璋於應天即位為皇帝（太祖洪武帝），國號為大明。以應天為南京、開封為北京。向越南、占婆、高麗、日本等國傳達建國之事，並促使其朝貢。方國珍的殘黨繼續在海上從事反明活動。於此時期，公布海禁令。
1370	實施第一次科舉。三年連續舉行科舉。
1371	施行南北更調制度。日本國王良懷（懷良親王）初次入貢。
1374	廢止寧波、泉州、廣州的市舶司。
1375	發行大明通行寶鈔。禁止使用金銀。
1376	發生「空印之案」。
1378	開始分封諸王。
1380	發生「胡惟庸之獄」。廢止宰相。燕王至北京就藩。
1381	在全國實施里甲制。
1383	開始對外的勘合制度。
1385	頒布《御製大誥》。
1390	發生「李善長之獄」。
1391	皇太子視察西安。
1393	發生「藍玉之獄」。
1397	《大明律》最後的改訂。
1398	洪武帝駕崩，建文帝即位。開始削藩。

第6章

石原道博，《明末清初　日本乞師の研究》，富山房，1945年。
岸本美緒，〈東アジア・東南アジア伝統社会の形成〉，《岩波講座世界歴史13》，岩波書店，1998年。
岸本美緒，《明清交替と江南社会——17世紀中国の秩序問題》，東京大学出版会，1999年。
佐藤文俊，《明末農民反乱の研究》，研文出版，1985年。
佐藤文俊，《李自成——駅卒から紫禁城の主へ》（世界史Libretto人41），山川出版社，2015年。
檀上寛，《天下と天朝の中国史》，岩波新書，2016年。
奈良修一，《鄭成功——南海を支配した一族》（世界史Libretto人42），山川出版社，2016
三木聰，〈万暦四十二年の「福州民変」をめぐる諸問題（1）〉，《北海道大学文学研究院紀要》159，2019年。
溝口雄三，〈いわゆる東林派人士の思想——前近代期における中国思想の展開（上）〉，《東洋文化研究所紀要》75，1977年。
溝口雄三、蜂屋邦夫、戸川芳郎，《儒教史》（世界宗教史叢書10），山川出版社，1987年。
三谷博、李成市、桃木至朗，〈「周辺国」の世界像—日本・朝鮮・ベトナム〉，《「世界史」の世界史》，Minerva書房，2016年。
吉尾寛，《明末の流賊反乱と地域社会》，汲古書院，2001年。

結語

岸本美緒編，《1571年——銀の大流通と国家統合》（歴史の転換期6），山川出版社，2019年。
清水光明編，《「近世化」論と日本——「東アジア」の捉え方をめぐって》（《アジア遊学》185），勉誠出版，2015年。
夫馬進，〈中国近世と科挙〉，收入吉田光男編，《東アジア近世近代史研究》（放送大学大学院教材），放送大学教育振興会，2017年。

北島萬次，《秀吉の朝鮮侵略と民衆》，岩波新書，2012年。
牛建強，《明代中後期社會變遷研究》，文津出版社，1997年。
金文京，〈明代万暦年間の山人の活動〉，《東洋史研究》61-2，2002年。
久芳崇，《東アジアの兵器革命——十六世紀中国に渡った日本の鉄砲》，吉川弘文館，2010年。
伍躍，《中国の捐納制度と社会》，京都大学学術出版会，2011年。
黒嶋敏，《天下統一——秀吉から家康へ》，講談社現代新書，2015年。
島田虔次，《中国における近代思惟の挫折》1、2，平凡社東洋文庫，2003年。（初版改訂版為1970年）
中島樂章，〈封倭と通貢——一五九四年の寧波開貢問題をめぐって〉，《東洋史研究》66-2，2007年。
中島樂章，〈一五四〇年代の東アジア海域と西欧式火器——朝鮮・双嶼・薩摩〉，中島樂章編，《南蛮・紅毛・唐人——一六・一七世紀の東アジア海域》，思文閣出版，2013年。
林田芳雄，《蘭領台湾史——オランダ治下38年の実情》（汲古選書56），汲古書院，2010年。
巫仁恕，《品味奢華——晚明的消費社會與士大夫》，中華書局，2008年。
夫馬進，〈明末の都市改革と杭州民変〉，《東方学報》49，1977年。
夫馬進，〈明末反地方官士変〉，《東方学報》52，1980年。
夫馬進，《中国善会善堂史研究》，同朋舎出版，1997年。
三木聰，《伝統中国と福建社会》，汲古書院，2015年。
山本進，〈朝鮮時代の火器〉，《東洋史研究》，75-2，2016年。其後改題並收錄於《朝鮮後期財政史研究——軍事・商業政策の転換》（九州大学出版会，2018年）。
米谷均，〈豊臣秀吉の「日本国王」冊封の意義〉，收入山本博文等人編，《豊臣政権の正体》，柏書房，2014年。
林麗月，《奢儉・本末・出處——明清社會的秩序心態》。
和田正広，《中国官僚制の腐敗構造に関する事例研究——明清交替期の軍閥李成梁をめぐって》，九州國際大学社会文化研究所，1995年。

奈良修一，〈明末福建省の高寀に対する民変について〉，《山根幸夫教授退休記念　明代史論叢》上冊，汲古書院，1990年。
野田徹，〈嘉靖朝における鎮守宦官裁革について〉，《史淵》137，2000年。
萩原淳平，《明代蒙古史研究》，同朋舍，1980年。
羽田正，《興亡の世界史　東インド会社とアジアの海》，講談社学術文庫，2017年。（初版為2007年）
濱島敦俊，《明代江南農村社会の研究》，東京大学出版会，1982年。
村井章介，《世界史のなかの戦国日本》，ちくま学芸文庫，2012年。（初版為1997年）
李金明，《漳州港》，福建人民出版社，2001年。
李慶新，《明代海外貿易制度》，社會科學文獻出版社，2007年。
林麗月，《奢儉・本末・出處——明清社會的秩序心態》，新文豐出版公司，2014年。
山崎岳，〈巡撫朱紈の見た海——明代嘉靖年間の沿海衞所と「大倭寇」前夜の人々〉，《東洋史研究》62-1，2003年。

第5章

井上進，《中国出版文化史——書物世界と知の風景》，名古屋大学出版会，2002年。
井上進，《明清学術変遷史——出版と伝統学術の臨界点》，平凡社，2011年。
井上徹，《中国の宗族と国家の礼制——宗法主義の視点からの分析》，研文出版，2000年。
岩井茂樹，〈明末の集権と「治法」主義——考成法のゆくえ〉，《和田博徳教授古稀記念　明清時代の法と社会》，汲古書院，1993年。
大木康，《明末江南の出版文化》，研文出版，2004年。
小野和子，《明季党社考——東林党と復社》，同朋舍，1996年。
岸本美緒，《東アジアの「近世」》（世界史Libretto 13），山川出版社，1998年。
岸本美緒，〈清朝とユーラシア〉，歴史学研究会編，《講座世界史２　近代世界への道—変容と摩擦》，東京大学出版会，1995年。

川越泰博，《明代長城の群像》（汲古選書35），汲古書院，2003年。
許賢瑤，〈明代的勾軍〉，《明史研究專刊》6，1983年。
佐伯有一，〈手工業の発達〉，《ゆらぐ中華帝国》（世界の歴史11），筑摩書房，1979年。（初版為1961年）
阪倉篤秀，《長城の中国史——中華vs.遊牧六千キロの攻防》，講談社選書Métier，2004年。
滋賀秀三編，《中国法制史——基本資料の研究》，東京大学出版会，1993年。
谷口規矩雄，〈明代の農民反乱〉，《岩波講座世界歷史》12，岩波書店，1971年。
谷口規矩雄，《明代徭役制度史研究》，同朋舍，1998年。
橋本雄，《日本国王と勘合貿易》，NHK出版，2013年。
森正夫，《森正夫明清史論集》，第三卷（地域社会・研究方法），汲古書院，2006年。
李龍潛，〈明代軍戶制度淺論〉，《中國史研究動態》，1982-1。

第4章

岩井茂樹，《朝貢・海禁・互市——近世東アジアの貿易と秩序》，名古屋大学出版会，2020年。
小島毅，〈嘉靖の礼制改革について〉，《東洋文化研究所紀要》117，1992年。
佐藤文俊，《明代王府の研究》，研文出版，1999年。
焦堃，〈陽明派士人と嘉靖初年の政治——陽明學の政治倫理について〉，《東洋史研究》71-1，2012年。
城地孝，《長城と北京の朝政——明代内閣政治の展開と変容》，京都大学学術出版会，2012年。
全漢昇，《中國近代經濟史論叢》（全漢昇經濟史著作集），中華書局，2011年。
寺田隆信，《山西商人の研究》，同朋舍，1972年。
田澍，《嘉靖革新研究》，中國社會科學出版社，2002年。
中島樂章，《徽州商人と明清中国》（世界史Libretto108），山川出版社，2009年。

檀上寛，《明の太祖　朱元璋》，白帝社，1994年。
檀上寛，《明朝専制支配の史的構造》，汲古書院，1995年。
中島樂章，《明代郷村の紛争と秩序——徽州文書を史料として》，汲古書院，2002年。
陳寶良，《明代社會生活史》，中國社會科學出版社，2004年。
森正夫，《明代江南土地制度の研究》，同朋舍出版，1988年。
渡昌弘，《明代国子監政策の研究》，汲古書院，2019年。

第2章

新宮學，《北京遷都の研究——近世中国の首都移転》，汲古書院，2004年。
榎本涉，《東アジア海域と日中交流　九～一四世紀》，吉川弘文館，2007年。
川越泰博，《明代中国の軍制と政治》，国書刊行会，2001年。
佐久間重男，《日明関係史の研究》，吉川弘文館，1992年。
檀上寛，〈方国珍海上勢力と元末明初の江浙沿海地域社会〉，收入京都女子大学東洋史研究室編，《東アジア海洋域圏の史的研究》（京都女子大學研究叢刊39），2003年。
檀上寛，《永楽帝——華夷秩序の完成》，講談社学術文庫，2012年。（初版為1997年）
檀上寛，《明代海禁＝朝貢システムと華夷秩序》，京都大学学術出版会，2013年。
村井章介，《アジアのなかの中世日本》，校倉書房，1988年。
村井章介、橋本雄、伊藤幸司、須田牧子、關周一編，《日明関係史研究入門——アジアのなかの遣明船》，勉誠出版，2015年。

第3章

青木富太郎，《万里の長城》，近藤出版社，1972年。
奥山憲夫，《明代軍政史研究》，汲古書院，2003年。
川越泰博，〈明蒙交涉下の密貿易〉，《明代史研究》，創刊号，1974年。

主要參考文獻

與全書相關的文獻

上田信，《海と帝国——明清時代》（中國の歴史9），講談社，2005年。
岡田英弘、神田信夫，《紫禁城の栄光——明・清全史》，講談社学術文庫，2006年。（初版為1968年）
愛宕松男、寺田隆信，《モンゴルと大明帝国》，講談社学術文庫，1998年。（初版為1974年）
岸本美緒、宮嶋博史，《明清と李朝の時代》（世界の歴史12），中公文庫，2008年。（初版為1998年）
田村實造責任編集，《最後の東洋的社会》（世界の歴史9），中公文庫，1975年。（初版為1961年）
松丸道雄等人編，《中国史4　明・清》（世界歴史体系），山川出版社，1999年。
三田村泰助，《黄土を拓いた人びと》（生活の世界歴史2），河出文庫，1991年。（初版為1976年）
三田村泰助、間野潛龍，《明帝国と倭寇》（中國文明の歴史8），中公文庫，2000年。（初版為1967年）
宮崎市定，《宮崎市定全集13　明清》，岩波書店，1992年。
桃木至朗編，《海域アジア史研究入門》，岩波書店，2008年。
森正夫等人編，《明清時代史の基本問題》（中国史学の基本問題4），汲古書院，1997年。

第1章

足立啟二，《専制国家史論——中国史から世界史へ》，柏書房，1998年。
伊藤正彥，《宋元郷村社会史論——明初里甲制体制の形成過程》，汲古書院，2010年。
岡本隆司編，《中国経済史》，名古屋大學出版会，2013年。

圖20……部分調整自三田村泰助，《宦官》，中公新書，1963年，卷首圖片。

圖21……朴漢濟著，吉田光男譯，《中国歴史地図》，平凡社，2009年，頁146。

圖23……間野潛龍，《朱子と王陽明》，清水書院，1974年。

圖25……巫仁恕，《奢侈的女人—明清時期江南婦女的消費生活》，三民書局，2005年，頁43。

圖27……羽田正，《東インド会社とアジアの海》，講談社，2007年，頁58。

圖28……部分調整自羽田正，《東インド会社とアジアの海》，頁115。

圖29……《倭寇圖卷》。

圖33……《全邊略記》，九邊圖。

圖35……岸本美緒，《世界の歴史12　明清と李朝の時代》，中央公論社，1998年，頁155。

圖37……田村實造，《世界の歴史9　最後の東洋的社會》，中央公論社，1968年，頁158。

圖39……岸本美緒，《東アジアの「近世」》，世界史Libretto，山川出版社，1998年，頁15。

圖40……宮城縣立圖書館所藏。

圖41……《籌海圖編》，卷13，經略3。

圖45……部分調整自石橋崇雄，《大清帝国への道》，講談社學術文庫，2011年，頁70。

圖47……部分調整自田村實造，《世界の歴史9　最後の東洋的社會》，頁210。

表1……以李金明，《漳州港》(福建人民出版社，2001年) 頁86～87表為基礎製成。

表2……以全漢昇，〈明代中葉後澳門的海外貿易〉，《中國近代經濟史論叢》(中華書局，2011年) 頁153表為基礎製成。

圖表出處一覽

圖3，圖10，圖12，圖15，圖19，圖20，圖27，圖28，圖35，圖39，圖45，圖47……前田茂實製圖

圖4，圖9，圖11，圖26，圖30，圖31，圖32，圖48……作者拍攝。

圖13，圖14，圖22，圖24，圖34，圖36，圖38，圖42，圖43，圖44，圖46，圖49……Wikimedia Commons。

圖1……檀上寛，〈洪武帝と馬皇后〉，《週刊朝日百科　世界の歷史》58，1990年，頁C-379。

圖2……檀上寛，《明の太祖朱元璋》，白帝社，1994年，頁57。

圖3……檀上寛，《明の太祖朱元璋》，頁43。

圖5……岡本隆司，《中国「反日」の源流》，講談社選書Métier，2011年，頁44。

圖6……部分調整自岡田英弘等人，《紫禁城の栄光》，講談社学術文庫，2006年，頁51。

圖7……山根幸夫，《図説中国の歴史7　明帝国と倭寇》，講談社，1977年，頁30。

圖8……檀上寛，《明代海禁＝朝貢システムと華夷秩序》，京都大学学術出版会，2013年，頁447。

圖10……檀上寛，《明代海禁＝朝貢システムと華夷秩序》，頁141。

圖12……檀上寛，《永楽帝》，講談社学術文庫，2012年，頁85。

圖15……部分調整自檀上寛，《永楽帝》，頁10～11。

圖16……檀上寛，《天下と天朝の中国史》，岩波新書，2016年，頁219。

圖17……小山正明，《ビジュアル版　世界の歴史11　東アジアの変貌》，講談社，1985年，頁119。

圖18……小山正明，《ビジュアル版　世界の歴史11　東アジアの変貌》，頁200。

圖19……部分調整自阪倉篤秀，《長城の中国史》，講談社選書Métier，2004年，頁167。

【岩波新書・中國的歷史】4
陸海的交會

2021年11月初版　定價：單冊新臺幣350元
有著作權・翻印必究　一套新臺幣1750元
Printed in Taiwan.

著　者　檀　上　寬
譯　者　郭　婷　玉
叢書主編　王　盈　婷
校　對　馬　文　穎
內文排版　極　翔　企　業
封面設計　許　晉　維

出版者　聯經出版事業股份有限公司
地址　新北市汐止區大同路一段369號1樓
叢書主編電話　(02)86925588轉5316
台北聯經書房　台北市新生南路三段94號
電話　(02)23620308
台中分公司　台中市北區崇德路一段198號
暨門市電話　(04)22312023
台中電子信箱　e-mail：linking2@ms42.hinet.net
郵政劃撥帳戶第0100559-3號
郵撥電話　(02)23620308
印刷者　文聯彩色製版印刷有限公司
總經銷　聯合發行股份有限公司
發行所　新北市新店區寶橋路235巷6弄6號2樓
電話　(02)29178022

副總編輯　陳　逸　華
總編輯　涂　豐　恩
總經理　陳　芝　宇
社長　羅　國　俊
發行人　林　載　爵

行政院新聞局出版事業登記證局版臺業字第0130號

本書如有缺頁，破損，倒裝請寄回台北聯經書房更換。　ISBN　978-957-08-6052-8 (平裝)
聯經網址：www.linkingbooks.com.tw
電子信箱：linking@udngroup.com

Series CHUGOKU NO REKISHI, 5 vols
Vol. 4, RIKUKAI NO KOUSAKU: MINCHOU NO KOUBOU
by Hiroshi Danjo

Originally published in 2020 by Iwanami Shoten, Publishers, Tokyo.
This complex Chinese edition published 2021
by Linking Publishing Co., Ltd., New Taipei City
by arrangement with Iwanami Shoten, Publishers, Tokyo

國家圖書館出版品預行編目資料

【岩波新書・中國的歷史】4 陸海的交會/檀上寬著．
郭婷玉譯．初版．新北市．聯經．2021年11月．280面．14×21公分
ISBN　978-957-08-6052-8（平裝）

1.中國史

610　　110017059